天皇と儒教思想

伝統はいかに創られたのか?

小島毅

光文社新書

目次

はじめに

はじまりは「おことば」

平成二十八年（キリスト紀元二〇一六年）のグレゴリオ暦八月八日、宮内庁は天皇陛下があらかじめ録画なさった、国民むけのビデオメッセージを公開した。「象徴としてのお務めについての天皇陛下のおことば」と題して、同庁のホームページで画像および文面を見ることができる（http://www.kunaicho.go.jp/page/okotoba/detail/12）。

本書執筆の動機は、この「おことば」を受けて正式に開始された、天皇のありかたや継承方法にかかる法制上の議論にある。「生前退位」ということばが、新聞・テレビ・週刊誌をにぎわし、退位（譲位）なさることの是非や、これを事実上禁じている皇室典範の改定をめぐってさまざまな見解が語られた。

そのなかで一部論者によって伝統的な天皇のありかたという、一見学術的・客観的な、しかしそのじつきわめて思想的・主観的な虚像が取り上げられ、「古来そうだったのだから変えてはならない」という自説の根拠に使われた。そうした言説に対する違和感と異論が、私が本書を執筆した動機である。

天皇をめぐる諸制度は明治時代に改変された

天皇をめぐる諸制度の多くは、じつは明治維新の前後に新たに創られたものである。本書はこれらのなかから、農耕と養蚕、陵墓（皇族の墓。みささぎ）造営、宮中祭祀、皇統譜、一世一元を取り上げる。また、新しい制度だとすでに広く認識されている太陽暦の採用についても扱う。

復古を標榜した他の諸事例とは異なって、太陽暦の採用はまったく新しい事象だった。それを本書でわざわざ取り上げる理由を先に述べておこう。

「日本古来の伝統の維持」を声高に唱える論者たちが、江戸時代までの天皇制（この語はもともと左翼用語だが、これに代わる適切な語を思いつかないのでそのまま用いる）を支えてきた暦制をいとも簡単に捨て去った明治の改暦について、反省的言及を行っている形跡がまったく無いのが、私には不思議でならない。

ローマカトリック教会の教皇グレゴリウス十三世が、彼らの紀年法で一五八二年に決めた暦を使うことは、天皇制にとって由々しき事柄であったはずである。仏教や神道の信者たちがその宗教行事にこのキリスト教の暦をいまや平然と用いている姿が、私には理解できない。その逆（キリスト教会が旧暦でクリスマスを祝う等）を想像してみれば、事柄の異常さがわかってもらえるだろうか。そんなことはありえないからである。

上記の他の五つの事柄とはやや異質だが、明治維新がいかに旧来の天皇制の伝統をねじまげたかという点では同類の象徴的事例として、暦の改定はぜひとも取り上げねばならない。

現在の天皇のありかたは、法制上は、昭和二十年（一九四五年）の敗戦の翌年に制定された新しい憲法と、改正された皇室典範（皇室について規定した法律）とにもとづいている。『日本国憲法』第一条は、天皇を日本国および日本国民統合の象徴と規定し、以下の第三条や第四条で天皇の職権を制限することによって、『大日本帝国憲法』が天皇のものとしていたさまざまな政治権限を奪った。かつては憲法と同格の重要法典とされた皇室典範も、戦後は憲法に従属する一つの法律にすぎなくなった。

この改制を良しとする人、現憲法を変えて昔の姿に戻すべきだという人、その中間的な立場の人、これらのどの意見を持つにしても、歴史的経緯は正しく認識しておく必要がある。「明治維新は日本の近代化を推進した」という歴史認識がひろく行きわたっているわりには、天皇制もまた明治維新によって近代化されたことについては、あまり知られていない。

天皇や皇族の日常生活が、明治維新のあとは洋装にお変わりになり、洋館にお住まいになり、洋食を召し上がるようになったというたぐいのことは目につきやすく、「近代化」を象徴する行為として認識されていよう。

しかし、じつは祭祀・儀礼といった、古くからの伝統に由来しているはずの行為も、その多くがやはり明治維新の前後に新しく始まったものだった。洋装・洋館・洋食といった西洋化とは異質ながらも、それらもまた明治時代の近代天皇制を支える装置だった。すなわち、古制という名目によりながら、近代天皇制にあわせて改変されたものだった。

創られた伝統

明治政府はその当初から「神武創業のいにしえに復る」ことを掲げた。神武とは、今から二千七百年近く前に即位したとされている初代天皇のことである。神武天皇がわが国をお始めになった、その当時の精神に立ち戻ること、すなわちそこへの復古が、明治政府のアジェンダだった。慶応三年十二月九日（グレゴリオ暦では、すでに年があけて一八六八年の一月三日）に発せられたいわゆる「王政復古の大号令」に、「諸事神武創業之始ニ原キ」という文言が見える。

しかし、明治維新で行われた「復古」は、近年普及した表現を借りれば「創られた伝統」だった。

エリック・ホブズボームとテレンス・レンジャーの共編による *The Invention of Tradition*（一九八三年、邦訳は一九九二年）は、「創られた伝統」という用語を学界に広めた。

それ（伝統の創出……小島）は「旧来の」伝統があてはまらない新たな伝統を生み出し、

それに沿って「旧来の」伝統が案出された社会的型式を急激な社会変動が弱めるか、崩壊させるとき、あるいは、さもなくばそれらが削除されるときに、最も頻繁に生じると考えるべきだろう。(「序論――伝統は創り出される」、邦訳一四頁)

英語の構文を日本語に直しているので読みにくいが、要するに社会が変わると「伝統」も変わる。本論部分では、専門家たちがそれぞれ十九世紀を中心とする近代における伝統の創出を例示している。

「包括的な擬似共同体(民族、国)のために案出された儀礼」は、「永久不変という特徴――少なくとも共同体創設以来の――を強調する」(邦訳二二頁)。

このように、近代の国民国家(nation state)は自分たち固有の民族文化(national culture)を特徴づけるために過去の記憶を掘り起こす。それは「創られた伝統」だ。

ベネディクト・アンダーソンという政治学者に、*Imagined Communities: Reflections on the Origin and Spread of Nationalism*(一九八三年、邦訳は一九八七年)という著作がある。その主旨は次のとおりだ。

国民(nation)とは、自然に実在するのではなく、「想像の共同体」である。それは歴史的に形成されたものにすぎない。国民意識（Nationalism 民族主義）は、そうした形で誕生しながらも、その存在を正当化するために構成員の一体感を養う装置を備えている——。

こうした事例は世界中に広く見られる。たとえば、私たちがともすれば自明のものと思いがちな「中国」もこの一例といえよう。

というのは、現在の中華人民共和国の領域は、秦の始皇帝や唐の玄宗皇帝のときのものとはまったく異なるからだ。清の最盛期だった十八世紀の国境線が基本となり、そこからモンゴルやシベリア沿海州、中央アジア方面の領土を取り除いたものが、現在の中国の境域である。

そのため、この国家の存続を正当化するために創られた伝統が、「中華民族」という国民意識だった。漢民族を最大多数の構成要素としながら、多くの少数民族をふくむ中華民族という「想像の共同体」を、近代において生み出したのである。

「日本」の自明性を疑う

では、わが国の場合はどうか。

沖縄や北海道を除いて、この国土は古来一貫して「日本」だったとする言説がある。高校の「日本史」という科目は、この国号が生まれるよりも前から日本の一体性を自明の前提とすることで成立している。縄文式土器についても、日本列島のなかで似た様式の土器が焼かれ、その土器をふくめて交易の痕跡が見られるという。このことから、縄文時代にまだ国家はなかったものの、すでに地域としての日本が成立していたとみなすことは可能かもしれない。

しかしながら、たとえ縄文文化が列島において広域的な同質性を持っていたとしても、縄文人たち自身がそのことを「我々は同じ民族であり、仲間だ」と自己認識していたわけではない。

縄文時代だけではない。弥生時代にクニ（国）が生まれてからも、飛鳥時代にヤマト政権が列島の大部分を支配下に収めても、「日本」という一体不可分の国家はまだ存在していなかった。

八世紀初頭、ヤマト政権は中国から与えられた「倭」という国号を使用するのをやめ、自分たちで「日本」という国号を考案して外国（中国・韓国）政府に届け出た。

この頃、彼らは中国（唐）が制定した律令を模倣して、自分たちも日本国のための律令の編纂を行っていた。中国で律令の理念となっていたのは儒教である。したがって、日本もまた、儒教的な政治理念を摂取したことになる。

あわせて、自分たちの君主をそれまではオオキミ（漢字表記で「大王」）と称していたのを改め、「天皇」という称号を発明した。「日本は天皇が治める国」という思想はこのときに創造されたのであり、縄文人はもとより、三世紀の邪馬台国の卑弥呼にとっても、知るよしのないことだった。

日本国の境界もこの頃に定まった。日本国創生の歴史を記録した『古事記』・『日本書紀』（あわせて記紀と呼ばれる）は、北は東北地方から南は九州にいたる地域の島々は、イザナギ・イザナミという夫婦神が生んだと記している。八世紀には、日本を六十六の国に分ける統治の仕組みが完成した。これまた縄文人や卑弥呼のあずかり知らぬことである。

しかし、これはまだ現在の日本国の領域の完成ではない。記紀や律令に、北海道や北方領土、沖縄や尖閣諸島は登場しないからだ。神話の主要舞台である出雲（今の島根県東部）の沖合にその当時もあったはずの竹島も出てこない。これらの土地が明確に日本の領土だと宣言されるのは、十九世紀のことである。北海道（蝦夷地）や沖縄（琉球）には、それ以前に独自の政治体が存在し、日本国と並立していた。

日本はこの国号が定められて以来、千三百年間にわたって一度も外国の直接統治を受けていない。(例外的に一九四五年からの六年間は、米国を中心とする戦勝国の間接統治下にあった。)そして、このかんずっと、天皇が君主として連綿と存続している。つまり、「日本」の歴史は「天皇」の歴史でもあった。

八世紀初頭の『古事記』と『日本書紀』の編纂は、日本(『古事記』では「倭」と表記されている)が天地の誕生以来一貫して続いており、その君主として天皇がいるという物語を、あたかも史実であるかのように説いた書物だった。

すなわち、イザナギの末娘アマテラスが、孫のニニギを地上に派遣したとする神話(「神代」と呼ばれる)と、ニニギのひ孫が初代の天皇(神武天皇)として即位したとする記述(神武創業)によって、歴代天皇が世襲で日本を統治することを正当化している。

律令制定や歴史書編纂をおこなったのは中国を模倣したからだが、中国でそうしていたのは儒教思想によるものだった。つまり、「日本」も「天皇」も、儒教を思想資源としていたといってよい。

その後も儒教は日本の政治文化にいろいろと作用してきた。そのなかで、本書が取り上げるのは、十九世紀における、天皇をめぐる諸現象である。

八世紀以来、天皇が君主として連綿と存続しているのは事実だが、その内実は変容してきた。江戸時代末期から明治の初期、いわゆる幕末維新期には、天皇という存在の意味やそのありかたについて、従来とは異なる見解が提起され、それらが採用されて天皇制が変化している。そして、ここでも儒教が思想資源として大きく作用した。本書はその諸相を取り上げていく。

各章の構成

本書は、天皇皇后夫妻の宮中行事、彼らの墓、毎年恒例の祭祀、歴代天皇の系譜、年の数え方という諸事項から、日本の天皇にまつわる「創られた伝統」を紹介していく。このあいだに、前述のとおり暦の話を挿入する。

天皇陛下は、皇居のなかにある田んぼで稲を育てておられる。そのうち田植えは、日本の稲作で重要な行事とされてきたため、特にこの日は儀式として認識され、宮内庁の発表に従ってマスコミのニュースになる。一方、皇后陛下は絹糸生産のために蚕(かいこ)を飼っておられ、これまた毎年の恒例行事になっている。

古来ずっと続いているかに思われるこの二つの行事は、しかし、近代になってから創られたものだった。しかも、もとは別々に始まったものが、儒教教義にもとづいて一対のものとされている。（第一章）

皇族の宗教は神道だとされる。そのため、墓も神道式に造営され、基本は土葬である。ところが、奈良時代から江戸時代まで、皇室の宗教は仏教だった。それ以前の古墳時代とは異なって、仏教教義によって墓は重視されずに供養塔が取って代わり、多くの場合に火葬が行われた。現在につながる制度は十九世紀になってから、儒教にもとづいて考案された神道式によって創られたものである。（第二章）

天皇は律令の規定によって多くの神々を祀ることになっていた。特に、祖先祭祀と豊作祈願とは、王権の正統性を示す重要な意味をもっていた。ただ、ここでも、十九世紀にその改定がなされ、儒教教義の影響と解釈できる方式が採用されている。（第三章）

天皇家は長い歴史をもっている。その間、天皇家が二つに割れて抗争したこともあった。これを後世どのように評価して記述するかは、天皇代数の数え方に反映される。明治政府はそれまでの数え方を改め、新しい歴史認識による国民統合を図る。（第四章）

以上の諸事例は「復古」を掲げていたけれども、その内実は「伝統の創出」だった。一方で、天皇に関する事柄でも西洋近代の流儀にあわせる改変が実施されてきた。暦の改革もその一例だが、しかし、意外にもそこには思想的な議論や苦悩はなかった。（第五章）

元号は、日本国号・天皇号・律令と並んで、八世紀以降の伝統である。しかし、明治政府は一世一元制を採用し、改元が具えていた旧来の性格を一掃する。この考え方は、中国の新しい儒教たる朱子学に由来するかたちで、江戸時代の一部の学者によって唱えられていた。（第六章）

本書は以上のような構成で、十九世紀の思想転換の諸相を述べていく。事項として認知されていても、その思想的背景について一般には知られていないだろう。

本書は個々の事象を解説するというよりも、なぜそうした改変がなされたのか説明することを目的としている。

本書の立場について

『古事記』の記述などにもとづいて作られた神道の教義を尊重し、今からおよそ二千七百年前に神武天皇が即位したと信じている方々には、本書の内容は刺激が強すぎるかもしれない。「神武天皇は実在しない」という主張は、神道に対する重大な侮辱・冒瀆(ぼうとく)と映ることだろう。それは、クリスチャン(キリスト教徒)に向かって「イエスは神の子ではない」と言ったり、ムスリム(イスラム教徒)に向かって「ムハンマドは神のことばなど聞いていない」と言ったりするのと同じたぐいである。いずれもその宗教の根幹をなす重要事項だ。神武天皇の存在を否定することは神道の教義を否定するに等しい。だが、私はこの宗教的信条・心情を否定するつもりでこう言っているのではない。

現憲法(本書が刊行された二〇一八年時点での憲法)が、基本的人権の一つとして保障している思想・信教の自由を、私は尊重したい。「わが国は神武天皇が初代としてお治めになって以来、万世一系の天皇を君主に、一貫して続いてきた」と信じることは、個々人の自由である。しかし、それが国家の制度に影響を及ぼすとなると話は別である。特定の宗教教義だけが優遇されてはならないからだ。

私が問題だと感じるのは、陛下の「おことば」に端を発する今回の一連の議論において、この神道教義を盾に取って皇室の伝統を云々する人たちが、かなりの発言力を持っていることだ。

信者たちによる神道教義の主張が学術的・客観的なものであるかのようになされることで、明治維新が新しく創出した天皇制のすがたが正当化され、一般社会に流布している。

この現象は、あえてたとえれば、キリスト教の教義に反するダーウィンの進化論を学校で教えることに反対する人たちが米国にいたり、女性は顔や脚を隠して外出すべきだと規制する政府がイスラム教を国教とする国にあったりするのと、同じたぐいのことに他ならない。

我々日本国民の多くは、諸外国でのそうしたニュースを耳にすると、宗教教義とふだんの社会生活とを混同した間違った見解だと感じ、批判的に言及する。だが、わが身を省みてみたときに、私たち自身は意識していないかたちで、それと類似のことをしているのだ。

事は近代社会の大原則たる政教分離とは何かという問題に関わっている。

宗教信者が自分の教義を生活信条とするのは個人の自由だが、それを他の人々にも押し付け、自分たちの教義で国家の制度を決めてはならない。最近の議論はこの原則に抵触しかねない傾向を帯びていると、私には感じられる。

以下で私が述べようとしている内容は、神道の信者ではないひとりの思想史研究者が、おのれの学術的良識から披露する「史実はこうだった」という見解である。それは「イエスは神の子ではない」とか「ムハンマドは神のことばなど聞いていない」と同様、対象とされる宗教（ここでは神道）の信者が不快な思いをする内容であろう。

自分と同じ意見が権威ある「学識者」（と社会的にみなされている人たち）の著書で述べられているのを読むことで安心し、自分の心の平安を得るためにだけ本を繙（ひもと）いているような人たち、いわば「自慰行為としての読書」をしている人たちも、本書を読まないほうが精神衛生上よかろう。

他方、読書によってそれまで知らなかった世界を見たいと考えている人たち、自分の固定観念を揺るがすべく読書している健全な人たちは、ぜひ最後までおつきあいねがいたい。

孟子やソクラテスがかつてそうしたように、人々にとっての常識的通念とは異なるものの見方を示すことから、哲学は始まった。本書が、みなさんが思い込んできた天皇の「古来のありかた」と異なる像を示しているならば、それは私の試みが成功した証である。

〈巻頭コラム〉本書の内容をよりよく理解するための儒教の基礎知識

本書を読んでいただく前に、儒教に関するいくつかの基本的な事項を解説しておく。ここは飛ばして本文から読んでもらってかまわないし、本文を読み進めながら適宜ここに戻って参照していただければと思う。

【儒教の成立】

儒教の開祖として、今はふつう孔子（こうし）（前五五二頃〜前四七九）の名をあげる。しかし、この言い方には二つの点から留保が必要である。

一つには、史実として儒家思想の基礎を据えたのは孔子だが、かつての儒教のなかでは孔子はあくまでも伝統的価値の祖述者だった。

孔子より遥（はる）かに昔から、聖人（せいじん）とされる王たちによって儒教が理想とする統治がなされており、孔子は、彼の時代に失われつつあった、この正しい伝統を継承・復活させようとした人物として位置づけられた。

したがって、本書に登場する日本の儒学者たちはみな、儒教の教説を孔子の思想としてではなく、太古の中国に実在していた社会秩序だと認識していた。

そして、もう一点、そうした儒教教義が成立するのは、孔子の活躍から五百年後、前漢末から後漢はじめであった。つまり、史実として孔子が説いたことと、漢代に儒教として体系化された教義とは別のものである。

本書で言及されるのは後者であり、『論語』などからうかがえる孔子当人の思想ではない。ただし、本書に登場する十九世紀の儒学者たちは、儒教の教義は孔子が整理したものだと思い込んでいた。

【経】 儒教の教義を記した書物は、経と呼ばれる。いずれも孔子以前の聖人・賢人たちの教え・事蹟を記しており、孔子が整理・編集したとされる。哲学的真理の他、堯・舜の二人の帝から、夏・殷（商）・周の三つの王朝（三代と呼ばれる）にかけての歴史や制度が記されている。

史実としては、漢代になってから今に伝わるかたちが整った。つまり、経書は孔子以降に

神話伝説時代（三皇五帝）			
夏			
殷（商） 前17世紀？～前11世紀？			
周 前11世紀？～前256	西周 前11世紀？～前770	春秋時代 前770～前403	
	東周 前770～前256	戦国時代 前403～前221	
秦 前221～前206			
漢 前206～220		前漢 前206～8	
		新 8～23	
		後漢 23～220	
三国時代 220～280	蜀 221～263	呉 222～280	魏 220～265
晋 265～420		西晋 265～316	
	東晋 317～420	五胡十六国時代 304～439	
南北朝時代 420～589	宋 420～479	北魏 386～534	
	斉 479～502		
	梁 502～557	西魏 535～556	東魏 534～550
	陳 557～589	北周 557～581	北斉 550～577
隋 581～619			
唐 618～907		周 690～705	
五代十国 907～979			
宋 960～1276	北宋 960～1127	遼 916～1125	西夏 1038～1227
	南宋 1127～1276	金 1115～1234	
元 1271～1368			
明 1368～1644			モンゴル
清 1636～1912			後金 1616～1636
中華民国 1912～1949			満洲国 1932～1945
中華民国（台湾） 1949～		中華人民共和国 1949～	

中国王朝の変遷

儒家のなかで太古の聖人に仮託して作られたテキストである。

だが、本書に登場する儒学者たちは経の内容を事実・真理として信奉し、それにもとづいて説を立てていた。その際に、経の文言解釈（経学）に流派ごとの相違があり、これが儒教内部の思想史的展開を生んだ。

【四書五経】

漢代に編集整備された経は五種類あり、五経と呼ばれる。ふつう、これを易・書・詩・礼・春秋の順に並べていう。

易とは占いだが、自然界のしくみを解き明かした書物とされた。書は堯・舜・三代の為政者たちの記録（尚書、書経ともいう）。詩は周代に宮廷や民間で歌われた歌詞。礼は社会秩序や行為を規定したもの。春秋は魯（ろ）という国の年代記である。

朱子学（三一頁参照）では、五経の前に学習すべき書物として、大学・中庸・論語・孟子の四つをあげ、まとめて四書と呼んだ。いずれも聖賢の発言や行為を記録しているから、後世の学習者にとって手本になると考えたのである。四書は経としてあつかわれた。

【三礼】

本書であつかう天皇にかかわる祭祀や儀礼、暦の制定などは、儒教で「礼」と呼ばれる分野である。礼の経としては、西暦二世紀になって三種類が並び、三礼と呼ばれるようになった。

『周礼』は周王朝の官制とされ、歴代王朝が典範とした。日本の律令官制もその間接的影響を受けている。

『儀礼』は冠婚葬祭などの式次第を記したものだが、規定どおりに遵奉するのはなかなか困難であったため、後世これを簡略化した本が多く作られた。なかでも、朱子学の大成者である朱熹（一一三〇～一二〇〇）の『家礼』は、規範として作用し、日本でも一部の大名がその実践を試みた。

三礼の最後の一つである『礼記』は、さまざまな文献を寄せ集めた書物で、内容が礼の全般にわたるため、実際の祭祀・儀礼を定めるときに活用された。

もともと相互に独立して書かれたため、『礼記』諸篇や『周礼』・『儀礼』の記述内容には相互にそれぞれ矛盾する記述が多く、これらを総合的に解釈して礼学を体系化するのが儒学者の腕の見せ所だった。

吉備真備（六九五～七七五）らが唐で学んだ礼学によって日本の律令体制は確立したため、神道の諸制度には、儒教の三礼を思想資源とするものがもとから存在していた。

【葬祭】

三礼には正しい葬儀のしかたが規定されている。古代中国の実態を反映しながらも、儒学者たちによる理想化が施されている。

儒教では、人間の生命活動を魂と魄に分けて捉えるため（七七頁参照）、死者についてもその両方を対象とした扱いをする。孝の思想（祖先がいたから自分がいるという考え方から、親や祖先を大事にする思想）によって祖先を祀りつづけることが重視されたため、その一連の祭祀のやりかたが経学上の議論の対象にもなった。

ただ、儒教である以上は、礼に従った墓を設けてそこに土葬すること（遺体を火葬することは親不孝として排斥された）、歴代の先祖を祀る施設（廟）を設け季節ごとの定期祭祀を行って供物を捧げることが大原則だった。

そのため、火葬（荼毘）を推奨したり、仏像への礼拝を広めたりする仏教は、儒学者たちにとっては教義上敵対する宗教だった。

ところが、日本では、律令制定の際の天皇だった持統天皇からして火葬されているくらいで、当初から儒教のこの面は受容されないまま江戸時代を迎えている。

葬祭儀礼は、中国や韓国の儒教にとっては根幹をなす教義・慣行だった。そのため、キリスト教の布教についても、彼らが祖先祭祀を容認するか否かが、それを認める判断基準となる。日本のキリシタン禁制が、世俗の国家権力の立場でなされたのとは、この点で異質だった。日本では西洋の侵略主義への警戒が強く、これが十九世紀の尊王攘夷運動の背景となっている。

【皇帝】

皇帝という称号は紀元前三世紀に秦の始皇帝が使い始めた。儒教の経が記述しているのは、それより昔の夏・殷・周三代のことなので、そのなかに「皇帝」という称号は見えない。ただ、秦の次の漢王朝以降も、中国の君主は一九一二年に清が滅びるまでずっと皇帝号を使い続けた。そのため、儒教では経のなかに登場する三代の「王」たちは、自分たちの君主として君臨している「皇帝」に相当するとした。したがって、皇帝が行う祭祀・儀礼は、経のなかの王についての規定を遵用(じゅんよう)して定められた。

その際、経学上の相違が「本来の正しいやりかた」をめぐる論争となった。中国や韓国ではしばしばこれが政争と結びついた。

なお、韓国では自国の君主を皇帝より一段低い「王」としたため、経に登場する諸侯に相当する祭祀・儀礼を行うことが多かった。日本では律令制定と同時期に、皇帝と同格の君主号として「天皇」を創案した。そのため、儒学者たちは天皇の祭祀・儀礼を、経のなかの王や漢代以降の皇帝になぞらえて議論してきた。

【暦】

皇帝は地上（空間）の統治者であるだけでなく、時間の管理者でもあった。歴史学では前者の面ばかりが論じられるが、当時の人々にとっては後者の役割も重要だった。すなわち、暦の制定である。

東アジアでは太陽と月の両方の運行を勘案した太陰太陽暦（たいいんたいようれき）が使われ、その制定権は皇帝（日本では天皇）にあった。この点が、教会が定めた一年三六五日の暦をそのまま何の変更もせずに使い続けていたヨーロッパの王権（神聖ローマ皇帝など）との大きな違いである。

暦の日付は、本文の第五章で説明するような仕組みで決められ、人々の生活を秩序づけた。

儒教では、暦法を音楽（音律）と結び付けること（たとえば、十二ヶ月に十二音階〈律〉を対応させるなど）によって、自然界の摂理を写し取っているとした。さらに、基準音の高さは、その音を出す管楽器（笛）の寸法によって度量衡（長さ、容積、重さの単位）の基準に使われた。

すなわち、ある周波数の音を基準音として定め（その音自体、九という聖なる数にもとづいて決定される）、その音を発する竹製の管（場合によっては金属製の管）の長さを九寸とし、この管の容量やその中にびっしりつめた穀物（キビ）の重さをもって、長さとかさと重さをひとつながりのものとして考えたのである。

こうして、律・暦・度量衡を統一的に制定することが王権の基幹をなしていた。

【朱子学】

漢代に成立した儒教は、経学上の解釈をめぐって、さまざまな流派によって議論がかわされながら展開してきた。特に、宋代（九六〇～一二七六）になると、経の原文を詳細に吟味することで従来とは異なる解釈が叢生し、そのなかから朱子学が生まれる。

朱子学の大成者である朱熹は、経のなかにある二つのことば、理と気とによって森羅万象を説明しつくす理論の構築を試みた。そして、個々の人間もこの二つの組み合わせでできており、理が人間に内在したときの名称である性は、もともと善である（性善説）として、その善性を取り戻すことが修養の目的であるとした。

また、自然界の摂理もこの二つの関係で捉えられ、漢代の儒教が具えていた呪術的な側面を否定した。

本書第六章の元号の説明で言及する（二五二頁参照）ように、漢代の儒教では、皇帝が元号を改める（改元）ことで時間を更新し、天変地異がもたらす災厄をのがれることができると考えていた。

朱子学では、理にしたがった政治の遂行を重視し、改元という行為自体にそのような魔力はないとして、皇帝の代替わりのときにだけ改元する制度（一世一元制）を主張した。

さらに、歴史も理の展開とみなすため、正義に反する行為は、結果の如何にかかわらず批判の対象となり、逆に失敗しても理にかなった行為は評価された。大義名分論である。

具体的には、正統な君主への絶対的忠誠（尊王）や、儒教を奉じない蛮族の排撃（攘夷）が賞賛された。

【王朝交代】

中国では古来、王（皇帝）の家系（姓）が変わるにともなって王朝の交代が生じてきた。経には堯・舜・三代が交代した歴史が書かれており、儒教は易姓革命（天命が革まって、君主となる人を世襲で輩出する家の姓が易わること）の理論を内包することになった。禅譲と放伐である。

禅譲は、前王から新王への平和的な政権委譲、放伐は、軍事抗争の結果前王朝が滅亡して新王朝が成立し、王朝が交代することである。

史実としては、漢から魏、魏から晋、隋から唐、後周から宋など、漢から宋にいたる王朝交代のほとんどが禅譲である。

たとえば、『三国志』に描かれているように、漢の献帝は儒教が定めたしかるべき手順にもとづく儀式を行って、魏の曹丕（文帝）に譲位している。もちろん、禅譲は実態としては権力者による王権簒奪だった。

一方、放伐は、殷の紂王が暴君だったために、聖人だった周の武王が取って代わったことをいう。ただし、一人の諸侯として殷王朝に臣従していた周の武王が武力をもって殷の紂王に挑戦した史実は、臣下が君主にそむくことになるため、儒教の教理上は異例の措置だったと解釈され、実際には行わないのがよいとされた。

とはいえ、宋代以降は平和的な禅譲方式ではない、軍事力による放伐形式の王朝交代となった。明は一三六八年に蒙古（元）を中国から追い出し、清は一六四四年に軍事侵攻して中国を支配下に置いた。

朱子学の理念として王朝交代は無い方がよいため、日本の儒学者・国学者たちはこの点から同時代の中国に対して優越意識をもっていた。記紀以来、日本は万世一系で天皇家が統治してきたとされていたからである。

第一章　お田植えとご養蚕

お田植えは昭和天皇から

宮中では今も天皇陛下が稲作を、皇后陛下が養蚕を行っておられる。法的には天皇の国事行為ではないが、その模様はテレビのニュースや新聞紙面を通じて毎年必ず報道されている。いわば準公的な行事だ。

これは農家の伝統的な生業形態、夫は戸外の田畑で耕作、妻は室内で蚕の世話という、男女分業の構造を古き良き伝統として実演してみせているわけだ。（史実としては女性も屋外労働に加わっていたことはいうまでもない。あくまでも日本の伝統社会の理念型として、まさしく日本国民の「象徴」として、の男女分業である。）

「私たち日本人は古来、お米を主食として食べてきました」（農林水産省ホームページ、http://www.maff.go.jp/j/pr/aff/1211/spe1_02.html）。

日本国の象徴たる天皇が日本人を代表して稲を育てるのは、『日本書紀』にいう「豊葦原(とよあしはらの)千五百秋(ちいおあきの)瑞穂国(みずほのくに)」にふさわしく、古式ゆかしいという形容句がぴったりにも思える。その一連の作業は、天皇が代々実践してきた、いかにも伝統行事のように見える。

だが、天皇みずからお田植えをなさるのは、ご先代の昭和天皇がお始めになった行為にすぎない。

> 天皇陛下がお手ずから行なう「お田植えとお稲刈り」は昭和天皇が始められたもので、昭和二年から続く。今上陛下は田植え（五月）と稲刈り（九～十月）だけでなく、四月の種撒きからされている。さらに、昭和天皇が前年の種籾から育てた苗二種類を自ら五株ずつ植えられていたのに対し、今上陛下は改良品種も毎年五株ずつ加えるようになった。現在、その数は二百株に達する。収穫の時、稲は六株を残し刈り取られ、残した六株は根付きのまま掘り起こして伊勢神宮の神嘗祭に奉納される。
>
> （『ＳＡＰＩＯ』二〇一五年二月号）

さすがにこの月刊誌でさえ、これが創られた伝統であることを素直に認めている。

伊雑宮・香取神宮・住吉大社（以上を日本三大御田植祭と呼ぶらしい）をはじめ、日本各地の神社で行われているお田植え行事では、和装の早乙女たちが田んぼにはいり、機械にたよらず人力による伝統的な田植えを再現していて、観光資源にもなっている。その模様を報じるネット記事には「古式ゆかしく」という形容が多く付されている。

これに対して、天皇陛下のお田植えには管見のかぎり「古式ゆかしく」という形容句は使われていない。たしかに、ワイシャツを着て長靴をお履きの陛下のお姿（図1の1）を見て、「ああ、古式ゆかしいなあ」と思う視聴者・読者はいないだろう。

はしなくもこの写真が、お田植えが、ご先代昭和天皇によって始まった洋装による行事にすぎない事実をきちんと伝えている。

図1の1　皇居内の水田でお田植えをなさる天皇陛下（皇居内生物学研究所）
出典：宮内庁ホームページ

昭和天皇がみずから田を耕されたのは、植物学に造詣が深く、庭に自生する植物を「人間の一方的な考え方でこれを雑草としてきめつけてしまうのはいけない」と近習（田中直なおる侍従）を諭したとされる方ならではの実践だった。

今上陛下は、この父帝の遺志を継いでおられるけれども、歴代天皇にとって伝統的なふるまいというわけではまったくない。

お田植え神事は、民俗学的には、耕作期間に山から耕地に神が降りてくると信じられたため、その来訪を歓迎する意味であったと理解されている。田植えとともに山の神が田の神となり、収穫とともにまた山に戻っていくのだ。

大阪の住吉大社の御田植神事は毎年六月十四日、伊雑宮の磯部の御神田(おみた)は六月二十四日など、梅雨時に挙行されるところが多い。

一方、香取神宮など他の諸社では、四月に行われて春の行事となっており、四月八日に固定されているところも少なくない。四月八日は、仏教寺院が主催する花祭り(釈尊生誕)の日である。江戸時代には両者を一体化して行っていたのが、明治の神仏分離政策で神社と寺院というそれぞれ別の主体による年中行事になったのであろう。

『古事記』にみる養蚕

天皇陛下によるお田植えは、例年五月下旬に行われている。

平成二十六年(二〇一四年)は二十三日と二十六日、二十七年(二〇一五年)は二十日と二十二日、二十八年(二〇一六年)は二十五日と二十六日、二十九年(二〇一七年)は二十二日と二十四日であった。

これらの日と前後して、年によっては同日に、皇后陛下による御給桑の儀、すなわち蚕に桑の葉を食べさせる行事（二回目。一回目は例年五月上旬に行われている）が行われ、稲作と養蚕とが対をなすことを示している。

『古事記』上巻で、弟神須佐之男が高天原で暴れるくだりに、天照大神が忌服屋に坐って神御衣を織っていたところへ、彼が尻の方から皮を剥いだ斑馬を投げ込み、そばにいた服織女が驚いて梭（布を織る際、横糸を通すのに使う先端が尖った舟形の道具）を陰部に突き刺して死んでしまうという記述がある。天照大神が天石屋戸に籠って、世界が真っ暗になってしまうという事態をもたらす主因となる事件だった。

もちろん、この事件はなんらかの史実を反映したという性格のものではなかろうが、皇室の女性が機織り作業にたずさわっていたことを窺わせる記述ではある。蚕を育て絹布を織る技術は、中国で発明されて韓半島経由で日本列島に伝わり、かつては東アジア共通・特有の伝統作業であった。

蚕の繭から絹糸を取り、それを織って絹布にする技術は東アジアが独占していたから、絹織物は東アジアの特産品として西アジアやヨーロッパに輸出された。ユーラシア大陸の中央部を貫いて東西世界を結んでいた陸上交易路は、近代になってから西洋人の学者によってシルクロード（絹の道）と命名される。唐の都長安は国際貿易のために西方からやってくる商人たちで賑わった。唐の最盛期だった西暦七一二年に完成したとされるのが、われらが『古事記』である。

『古事記』では、高天原の神々は策略をもって天照大神を天石屋戸から引き出したのち、須佐之男を追放する。その際に大気都比売（大宜都比売）が鼻・口や尻から食べ物を出して彼に提供するのだが、汚いと怒った須佐之男は彼女を殺す。

その死体からは、「頭に蚕生り、二つの目に稲種生り、二つの耳に粟生り、鼻に小豆生り、陰に麦生り、尻に大豆生りき」。

養蚕による絹布生産と五穀の耕作とが、見事にひとつながりのものとして描き出されている。養蚕は農耕（特に稲作）と並んで、『古事記』の王権神話で重要な役割を果たしていた。

皇后によるご養蚕

明治四年（一八七一年）、皇后（昭憲皇太后）が宮中で養蚕を復活させた。

「復活」ということになってはいるが、その前例として挙げられるのは『日本書紀』巻十四の雄略天皇紀で、天皇が皇后に命じてみずから蚕を飼うようにさせたという記述であり、史実かどうか定かではない。

後述するように、雄略天皇紀の記事は中国の例に倣って、皇后のあるべきふるまい方を記したくだりとして創作されただけだと思われる。

その後、皇后が蚕を育てる儀式を思わせる記録が奈良時代にある。孝謙天皇（女帝）の天平宝字二年（七五八年）正月三日のこととされる。史料的根拠は『万葉集』。その巻二十、通し番号第四四九三首は、大伴家持の次のような短歌である。

　初春の　初子の今日の　玉箒　手に取るからに　揺らく玉の緒

（表記は原文の万葉仮名ではなく、漢字仮名まじりによるものに改めた）

宮中儀式において使われた箒についている装飾の宝玉が触れあって奏でる、妙なる響きをめでた歌である。

その詞書（歌がよまれた事情・背景を説明する文章）に、上記の日付で開催された宮中

図１の２　子日手辛鋤（左）と子日目利箒（正倉院宝物）

の宴会について書かれている。そして、この記事は、天皇が辛鋤（からすき）（田畑を耕す道具）と玉箒（蚕棚を清掃する道具）を神前に奉納して、この年の豊作を祈願したあとの宴会だろうといわれている。

　そして実際に、そのときに使用したとされる辛鋤・玉箒は、それぞれ「子日手辛鋤（ねのひのてからすき）」・「子日目利箒（ねのひのめとぎのほうき）」という名称で、正倉院御物（ぎょぶつ）として現存している（図1の2）。

　辛鋤＝「からすき」という名称は、「から＝唐」の様式の鋤ということでもあろうが、もう一つ「辛＝かのと」の日に使うという意味も含んでいよう。

　詳しくは後述する（一二四頁参照）が、正月上旬の辛の日に行うのが、この豊作祈願の儀式の由来だったからだ。

そして、玉箒の方も、儀礼上の用具とはいえ、蚕を育てる際に実際に用いる道具を表していた。

つまり、この日の儀式とは、農耕と養蚕をもって国民の生業を象徴し、それを天皇が模擬的に実演することで神々に一年の平穏を祈願する意味があったのである。

なお、後述するように、本家の中国ではその実践主体は農耕＝皇帝、養蚕＝皇后と男女分業のはずだが、このときは孝謙女帝だったために、ひとりで両方を行ったのだろうと推定されている。

しかし、このあと千年以上の長い間、皇后が養蚕儀礼を行った記録はまったくない。そもそも、右の記録も『万葉集』の詞書にすぎない。この当時の記録として、朝廷が編纂した歴史書である『続日本紀（しょくにほんぎ）』には載っていないのだ。

それにもかかわらず、『日本書紀』雄略天皇紀や『万葉集』における孝謙天皇の記録にもとづいて、明治四年の養蚕開始を、通常「復活」と称するわけだ。

遠いいにしえの儀式を久しぶりに復活するとは、神武創業への復古を掲げる明治政府の面目躍如である。

なぜ、それまで千年以上も、宮中で養蚕が行われてこなかったのだろうか。

そもそも蚕という虫を、高貴な姫君あがりの歴代皇后陛下にさわれるはずがないのは、容易に想像がつく。

十二世紀頃の成立とされる『堤中納言物語』には「虫めづる姫君」という話がある。さる大納言の娘が、「蝶をめでるのなら、毛虫の頃からかわいがらないとだめよ」というわけで、幼虫を籠に入れて生育する。おつきの侍女たちも気味悪がるくらい、当時の感覚では（現在でも？）変わり者だった。「歴女」ならぬ「虫女」とでもいうべきだろうか。

「きぬとて、人々の着るも、蚕のまだ羽つかぬにし出だし、蝶になりぬれば、いともそでにて、あだになりぬるをや」とのたまふ。

（大意）

「絹としてみんなが着ているものも、蚕がまだ幼虫の状態のときに作るもので、もう蝶（厳密には蛾だが……小島）になってしまったら、みんな相手にもしないじゃないのさ！」というのが姫の口癖だった。

正論である。

しかし、彼女は平安時代の王朝宮廷文化では、変人あつかいされた。そんな彼女にさえ好意を寄せる貴公子がいて、それこそ「蓼(たで)食う虫も好きずき」を地でいくような話が展開するのだが、ふたりの関係がいよいよ佳境に入ったところで、「つづきは続編にて」を最後に物語は中絶し、続編は現存しない。

ともあれ、この架空の話柄から傍証されるのは、平安時代に藤原摂関家の姫君皇后たちが、蚕棚の世話などするはずがない、ということである。

平安時代のみならず、鎌倉時代にも江戸時代にも、藤原氏本家たる名門五摂家出身の歴代皇后陛下たちが、おんみずから蚕を飼ったという事実はないと断定してよかろう。（なお、室町時代には立后(りっこう)がなされず、制度上の皇后はいなかった。）

ところが、明治政府は皇后にそうしてもらいたいと考えた。その前例を『日本書紀』や『万葉集』に求め、新例としてではなく旧慣復興という口実にしたのである。

そうすることで、蚕の幼虫を宮中に持ち込むことへの抵抗感を排除したのだろう。

その目的は殖産興業だった。生糸生産を王権の威信を借りて推進するという現実的政策である。この件には実業家として名高い渋沢栄一が関与し、宮中吹上御苑の茶室がその用に充てられた。

渋沢は武蔵国榛沢郡（埼玉県深谷市）の豪農の出身、まさしく養蚕地帯に近接した場所であり、その流通に精通していた人物である。国策として、輸出産業の主力となることが期待されていた絹織物生産の基礎となる養蚕を、皇后みずから推奨するかたちをとることが、明治政府の意図だった。

その後、若干の曲折はあったものの、養蚕作業は代々の皇后に受け継がれていく。

すなわち、明治四年（一八七一年）の昭憲皇太后（明治天皇の皇后）による「復活」のあと、一時の断絶期があってから、十二年（一八七九年）には青山御所で英照皇太后（孝明天皇の女御で明治天皇の嫡母）が御養蚕所を設け、これ以後は毎年の恒例行事になった。そして貞明皇后（大正天皇の皇后）・香淳皇后（昭和天皇の皇后）と継承され、現在（平成の御代）の皇后陛下に至っている。

これら、「虫めづる」お后たちは、古制の復活ではなく、きわめて近代的な存在なのである。

ご養蚕の現況

絹織物業が日本の代表的産業ではなくなってからも、この儀礼は象徴的に続けられ、現在は紅葉山（もみじやま）御養蚕所において、皇后陛下みずから毎年二十回程度のお出ましによる儀式を執行なさっている（図1の3）。

平成二十九年（二〇一七年）の例でいうと、五月二日に皇后陛下臨席による御養蚕始（はじめ）の儀が行われ、八日には蚕の卵を櫟（くぬぎ）の木の枝にくくりつける「山つけ」の作業がなされた（図1の4）。翌九日には御給桑行事の初回があり、そして二十二日、天皇陛下がお田植えをなさったのと同じ日に、二回目の御給桑行事が実施された。二十四日には、天皇陛下が二度目のお田植えをなさるのにあわせて、上蔟（じょうぞく）行事（蔟（まぶし）は、蚕が繭を作るための器具のことで、上蔟は、蚕を蔟へ移すこと）を行っておられる（以上、宮内庁ホームページ「天皇皇后両陛下のご日程」による。http://www.kunaicho.go.jp/page/gonittei/show/1?quarter=201702）。

繭は収穫されると、新宿区にある蚕糸科学研究所に運ばれて生糸に加工され、絹布に織られて宮中の用度品などに用いられている。

〈皇后陛下のご養蚕記録〉（平成27年度の場合）

日付	お仕事
4月30日（木）	**御養蚕始の儀**
5月1日（金）	**天蚕山つけ**
	藁蔟作り
5月2日（土）	摘桑
5月4日（月）	除沙（じょさ／蚕の糞や桑の食べ残しなどを取り除く）
5月5日（火）	摘桑
5月7日（木）	除沙
	分箔（ぶんぱく／蚕の成長に伴い飼育容器（蚕箔）が狭くなるので蚕を2つに分ける）
5月8日（金）	**御給桑（1回目）**（刻んだ桑や摘み取った桑をお与えになる）
5月11日（月）	摘桑
5月14日（木）	回転蔟の組み立て
5月20日（水）	**御給桑（2回目）**（摘み取った桑や枝付きの桑をお与えになる）
5月22日（金）	**上蔟**
5月23日（土）	条桑育の条払い（枝付きの桑を与えている蚕を上蔟備え枝から外して集める）
	小石丸の上蔟
5月24日（日）	上蔟
5月25日（月）	上蔟
5月26日（火）	蔬抜き（こもぬき／蔟の下に敷いていた糞などで汚れた紙（蚕座紙）などを取り除く）
5月29日（金）	**初繭掻き**
	毛羽取り
5月31日（日）	白繭種の収繭
	黄繭種の毛羽取り
6月2日（火）	繭の両端切り（蚕が羽化する際に繭から出やすくするため両端を切り落とす）
6月6日（土）	小石丸の採種
6月7日（日）	小石丸の採種
6月9日（火）	小石丸の収蛾
6月25日（金）	**御養蚕納の儀**
7月10日（木）	天蚕収繭

注）太字は、あらかじめ行事として予定されたもの。
それ以外は、ご公務の合間に時間をおつくりになってお出ましになったもの。

出典：宮内庁協力『皇后さまとご養蚕』扶桑社、2016年

図1の3　平成27年のご養蚕行事

二十世紀初頭には、中国を抜いて世界一の生産量を誇った生糸も、すでに主要な輸出産業ではなくなってから久しい。

昭和四十年代以降「都市近郊の宅地化や農業人口の減少、さらに化学繊維の発達により、養蚕農家は急速に減少しました。こうして、かつては世界一位の生産量を誇った日本の繭生産量は、現在では最盛期の１％以下になっています」（大日本蚕糸会ホームページ、二〇〇七年 http://www.silk.or.jp/kaiko/kaiko_yousan.html）。

図１の４　皇后陛下による山つけのご作業（紅葉山御養蚕所）
出典：宮内庁ホームページ

今や、稲作も養蚕も日本を代表する産業とは言えない。にもかかわらず、天皇皇后両陛下がこれらの儀式を引き継いで実践しておられるのは、おふたりがお生まれになった昭和初期の日本の姿を象徴的・儀礼的に再現していることになる。

大日本蚕糸会では、上記の紹介文につづけて、「皇室では古くから養蚕が行われてきました。一時中断していましたが、明治になり復活、皇后陛下が行われる養蚕ということで『皇(こう)

后御親蚕（ごうごしんさん）』といわれ、皇居の紅葉山御養蚕所でカイコが飼育されています」と述べている。

間違いではないが、「一時中断」というのが明治初期の中断ではなく、明治以前のものを指すのであれば、それは前述のとおり千年以上に及ぶ「中断」であり、「一時」という語感にはそぐわない。もっとも、二千七百年になんなんとする日本国の歴史から見れば、千年という期間はほんの一瞬にすぎないのかもしれない。

お田植えとご養蚕が、本書執筆時点での次代の方々（皇太子徳仁（なるひと）親王殿下ご夫妻）に継承されるのかどうか、私としては注視していきたい。

一部の論者が主張することが予想される「伝統を守っていただきたい」という主旨ではなく――そもそもそのような「伝統」などなかったのだから――、殿下ご夫妻と同世代（昭和三十年代生まれ）の日本国民のひとりとして、私たちの世代にふさわしい内容の儀式をご夫妻で工夫して行っていただきたいと念じるからだ。

しかも、「夫は農耕、妻は養蚕」という夫婦間の性別分業体制は、近年の歴代内閣が国策として進めている男女共同参画社会にふさわしいものかどうか、慎重な検討が必要であろう。

なにせ、天皇は日本国とその国民統合の象徴、そのご夫妻の行為は日本国民の注目を集めるものなのであるから。

大名たちのお田植え

『万葉集』の大伴家持の歌の詞書に見える（そして、別の史料には見えない）孝謙天皇による天平宝字二年（七五八年）正月三日の儀礼（四二頁参照）は、本当にあったとしても一代限りで途絶し、皇后による養蚕同様、歴代天皇たちがみずから田畑に入って農耕を実演なさることは無かった。

平安時代ともなると、天皇には清浄さが求められて、地面に身体が直接触れることすら忌避されたのでなおさらである。ご養蚕の「中断」も、虫をさなぎ状態のときに煮殺す点が禁忌に触れたからかもしれない。

原田信男『歴史のなかの米と肉――食物と天皇・差別』（平凡社、二〇〇五年）は、農耕儀礼が中世・近世の天皇の権威の源泉だったとしている。（この点はあとで詳述する。）ただ、そうだとしても、それは豊作祈願（祈年祭〔きねんさい〕）と収穫感謝祭（新嘗祭〔にいなめさい〕）においてであり、現在のように天皇陛下ご自身が農作業に従事する姿を国民に見せることによってでは無かった。

収穫された米を神に捧げ、またそれを共食する儀礼は、新嘗祭として古来行われていた。だが、そこで使われる米は民が生産して天皇に納めた税であり（「税」はのぎへん、すなわち穀物を表す文字である）、天皇が自分で作るものではなかった。

田植えも、みずから苗を手に取って行う行為ではなく、農民たちが行う作業、それも離宮に設けられた模擬的な耕地で行われる作業の光景を、皇位を退いた上皇が見るというかたちでのみ関わるものだった。

これは、十七世紀後半に後水尾（ごみずのお）上皇が修学院離宮で始めたもので、大名庭園での類例との関係が指摘されている（村和明『近世の朝廷制度と朝幕関係』、東京大学出版会、二〇一三年）。

鎌倉時代以降の幕府の将軍たち、特に足利氏（室町幕府）や徳川氏（江戸幕府）は、その祖先が下野（しもつけ）（足利）・三河（松平）での在地領主として農業と深く関わっていたにもかかわらず、農耕儀礼を実践することはなかった。

ところが、江戸時代には、一部の大名たちが自分で農耕のまねごとを始める。ここでは岡山藩と米沢藩の例を紹介しよう。

岡山市内に城に隣接して後楽園がある。貞享四年（一六八七年）に、藩主池田綱政が家臣の津田永忠に造営を命じた、いわゆる大名庭園である。

津田は、先代藩主池田光政以来、藩政に携わっていた重臣で、これに先だって和意谷に神儒一致（神道と儒教とは、見かけの相違はあっても実際は一致する内容であるとする思想）の考え方によって設けた藩主墓地の総奉行を務めたり、領民のために儒教風の閑谷学校を建てたりしている。閑谷のそばの新開地友延では井田を設けている。

井田とは、『孟子』滕文公上篇に見える周代の耕地制度とされるもので、井の字形に畑を区切り、三列三行の九つの区画のうち、周囲八つを八戸の農家が自家用に耕し、中央の一区画を共同で作業してその収穫物を領主に納める（図1の5）。つまり、実質税率がおおむね九分の一になる仕組みのことだった。

これは周代の実態ではなかったと、現在では学術的にみなされているし、右の具体的説明も孟子自身の記述ではなく、後世、漢代の儒学者による『孟子』本文の解釈にすぎない。

しかし、儒教の教義のうえでは、理想的な農地制度としてずっと信奉されていた。

北魏王朝が五世紀に制定した均田制は、この井田制を意識したものだから、その流れを汲む日本の律令制における班田収授法（朝廷が農民たちに性別・年齢に応じて耕地を貸し与え、

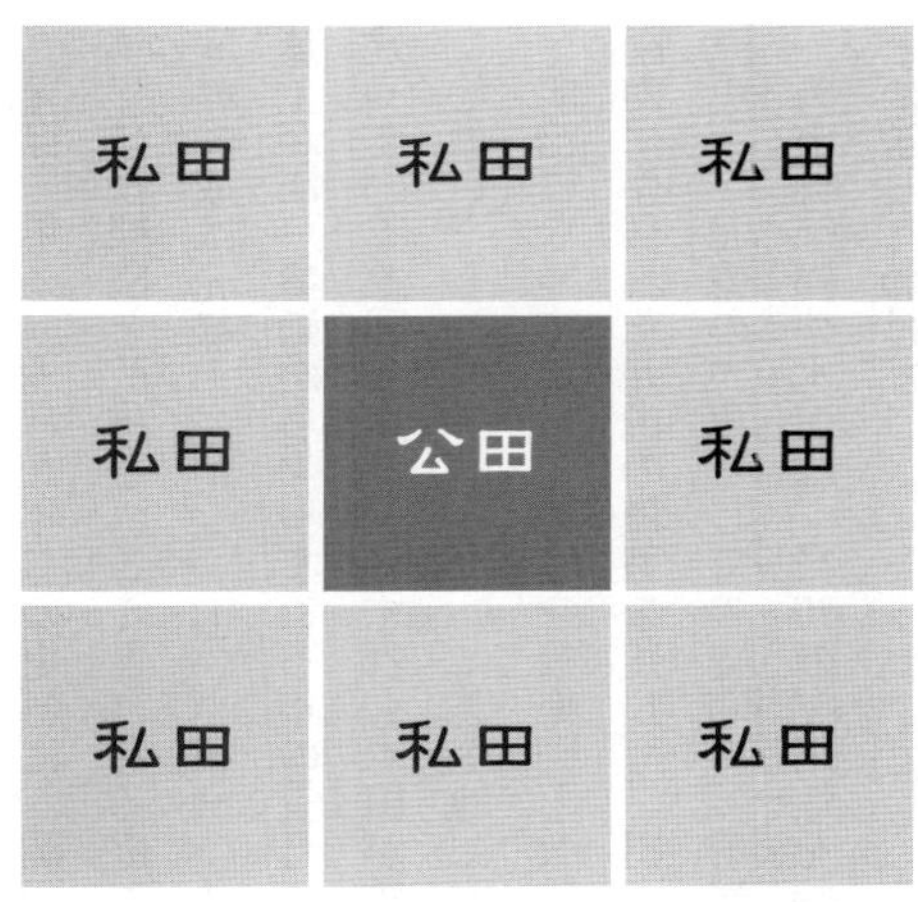

図１の５　井田の概念図

その見返りとして税を納めさせる制度）も、井田制の変形版ということになる。

江戸時代、朱子学において四書の一つとして重視された『孟子』は、為政者の教養科目として、世襲大名の世継ぎたちの少年時代に教材として用いられた。かくして井田制も彼らの基礎知識となる。

池田光政は好学大名と称される人物だけに、領内への井田の導入を模索して、前述の友延新田で試行したのだった。

儒教の教義は、光政時代に墓（和意谷）・教育施設（閑谷）、そして農地制度といったかたちで、岡山藩において実践されていた。

あとをついだ綱政は、岡山郊外に新たに菩提寺として曹源寺を創建したように、光政の施策を部分的に変更しているが、田植え行事についてはその精神を引き継いでいるといってよかろう。

元禄二年（一六八九年）の史料に、岡山城に隣接する造営途中の庭（明治四年〈一八七一年〉に後楽園と改称されることになる庭）で、綱政が田植え祭を行ったことが記されている。庭の完成は元禄十三年（一七〇〇年）、江戸時代には御後園と呼ばれていた。綱政以降も、藩主が江戸参勤から帰ってくる年の五月には、田植え祭を行っている。時期を違えて五種類残っている絵図面には、いずれも水田が描かれている。

ただし、その場所はしだいに芝生地に取って代わられていく。

明治になってからこの庭を後楽園と改称、岡山県の所有地となった。その頃には、幕末に園内に作られた井田の模型を残して、田んぼはほぼ消滅していた（以上、小野芳朗「景観と歴史――記憶の表象としての空間」、『景観・デザイン研究講演集』四号、二〇〇八年）。

岡山後楽園の水田は、当初の実用性を持つものから、藩主が模擬的に田植えを行う井田へと変貌したわけだ。

次は米沢の例（米沢市ホームページ、http://www.city.yonezawa.yamagata.jp/1127.htm）

だ。

ここの籍田(せきでん)儀礼（儒教の経書に記載された、王がみずから畑を耕す儀式）は、藩財政を再建したことで著名な上杉治憲(はるのり)（鷹山(ようざん)）が勧農政策の一環として始めたもので、現在も米沢市内にその遺跡があり、碑が建っている。

治憲は、遠山村の四反余（約四十アール）の土地を選び、安永元年（一七七二年）三月二十六日に中国の故事をまねて、籍田を実施した。

その式次第は、最初、治憲がみずから三回鍬(くわ)を入れ、続いて奉行三人が九鍬ずつ、以下、身分ごとに家臣たちが四十五鍬・七十二鍬・九十九鍬、最後に村役人と農民たちが三百鍬を入れたあと、神酒をともに飲んで散会となった。

鍬入れの数が三の倍数として象徴的な数なのは、中国漢代以来の天人相関思想（自然界と人間社会には相関関係があるとする自然観。三は円周率の近似値として、また、この世界を構成する天地人の三つを表す数として、相関思想のなかでも特に重んじられた）に由来している。

君主・臣下・農民が一致協力して田を耕すことで、自然界もその労力に酬いる収穫をもたらしてくれるだろうと期待する意味の儀式である。

この儀式は、後述するように中国でまさにそうであったのと同じく、儒教的仁政（民衆に対する、思いやりのある、恵み深い政治）を可視化する意味を持っていた。治憲の師だった儒学者細井平洲は、籍田実施を讃えて、「万民の安利を思ひ南郊の汚泥に御足をけがし鋤鍬を取給ひしことは希にみる美事であり、六十余州の手本なるべし」と記している。

以後、籍田の礼は、藩主が米沢に在国する年の恒例となった。

細井のいう「南郊」とは、中国で籍田が置かれたのが国都の南方郊外であったことをふまえている。「御足をけがし鋤鍬を取給ひしこと」がふつうの為政者たちから縁遠いのは、細井が記すとおりだった。

日本全土「六十余州の手本なるべし」という彼の期待は、前述のとおり、その百五十五年後の昭和初期に、宮中において六十余州を束ねる人物の手で実現する。

中国の籍田と親蚕

以上に紹介してきた天皇・皇后、それに藩主による農耕・養蚕の儀礼は、遠く中国古代に典範（てんぱん）がある。

中国では古くから、農耕と養蚕の両者が皇帝・皇后夫妻によって分掌されていた。明治時代の養蚕儀礼の再興には、直接・間接にその影響を想定することができる。つまり、現在日本で行われているこの一組の儀礼も、その起源は中国の儒教にあるのだ。

前掲の孝謙天皇の事例、すなわち『万葉集』の大伴家持の歌の詞書と正倉院御物（ぎょぶつ）に、この二つの儀礼を行ったことを思わせるものがあった（四二頁参照）。

当時の国策だった儀礼の唐風化に沿ったもので、農耕（籍田）の方は、時の権力者藤原仲麻呂（恵美押勝（えみのおしかつ））の政治的野望、すなわち権勢の独占によるとみなす見解がある（井上薫「子日親耕親蚕儀式と藤原仲麻呂」、『橿原考古学研究所論集』一〇、一九八八年）。仲麻呂が、孝謙女帝の代わりに男性が行うべき籍田を実施したとも解釈できるからである。

中国で養蚕関連の儀式は、蚕の神（もしくは養蚕を発明した人）を祀る先蚕（せんさん）という名称で呼ばれていた。その経緯と民俗的起源については新城理恵「先蚕儀礼と中国の蚕神信仰」（『比較民俗研究』四号、一九九一年）に詳しい。

「経書に記載されている周代の儀礼のありかたを見ると、後代、先蚕儀礼について、その典拠としてしばしば引用されるのは、以下の三つの記述である」として、儒教教義上の根拠となる経書の記載が引用・紹介されている。（ただし、実際に挙がっているのは四例。）

すなわち、『周礼』の天官内宰（天官は官庁名で、おもに宮中のことを管掌、内宰はその役職名で、皇妃に関する事項もその職務に含まれる）条、『礼記』の月令・祭統・祭義の各篇である。

なかでも、『礼記』祭統篇の記述は、以下のように親耕すなわち籍田とならべて記述され、両者がジェンダー構造上の対をなしていることを明示している。

> 天子親耕於南郊、以共斉盛、王后蚕於北郊、以共純服。諸侯耕於東郊、亦以共斉盛、夫人蚕於北郊、以共冕服。
>
> （大意）
>
> 天子すなわち王は都の南の郊外でみずから畑を耕して供物を奉り、王の后は都の北の郊外で蚕を飼い、その絹で織った服を供える。諸侯は東の郊外でみずから畑を耕して供物を奉り、その夫人は北の郊外で蚕を飼い、その絹で織った服を供える。

この記録はいちおう周王朝の礼制であるとされているが、史実ではなく、後世の儒学者による創作である。

だが、西暦一世紀に儒教が国教となって皇帝・皇后の儀礼が儒教式に整備されると、皇帝が畑で農耕の模倣をする籍田と、皇后が宮中で蚕の神を祀る先蚕とは一対の儀礼と認識されて実践されるにいたる。唐の国家祭祀の式次第書として現存する『大唐開元礼』（七三二年）でもそうなっている。

こうした情報は日本にも、儒教の経書およびその注釈書や『大唐開元礼』、これに先行する儀式書の移入を通じて、あるいは遣唐使やその随員・留学生たちが見聞きした唐の皇帝・皇后たちのやりかた（直接儀式の現場には立ち会えないにしても）によって伝わり、遅くとも八世紀には天皇とその周辺の人々には知られるようになっていた。

とりわけ、六九〇年から七〇五年までは、中国には史上唯一の女帝たる武則天（則天武后）が君臨していた。（なお、この期間、王朝の名は周であり、唐ではなかった。）

彼女は皇帝として男性皇帝たちが行った祭祀を執行する一方、女性として歴代皇后が行った儀礼も実践した。彼女のこうしたやりかたは、その直後の七一七年から唐で十数年間儒教を学んだ吉備真備も知ったはずである。

先述した孝謙天皇の治世を支えた重臣のひとりが、この吉備真備だった。彼は法典としてはすでに完成していた律令について、運用のしかたや理論的背景を唐で学んだ。文献に明言されてはいないものの、孝謙天皇の天平宝字二年の儀礼実施（四二頁参照）にあたって、彼が参画していた可能性は高い。というか、それは確実であろう。

女帝としての孝謙天皇の儀式は、ことによると則天武后を模倣していたのかもしれない。

その後も中国歴代王朝では、籍田と先蚕は一対の儀礼として行われつづけた。

ただ、十世紀の宋代になると空洞化し、特に先蚕の方は儀式書に記載があるだけで実行をともなわないものになっていく。籍田も皇帝みずから行うのはまれで、だいたいが代理として皇族・官僚を派遣する形式で執行された。

とはいいながら、儀礼が廃止されることはなく、名目上だけでも存続したのは、農耕社会の生業を、君主夫妻が象徴的・視覚的に実演することが不可欠と思念されていたからであろう。「汚泥に御足をけがし」（細井平洲の表現）たり虫を愛でたりすることを全くしてこなかった日本の天皇・皇后とは、やはり異質であった。

この点から見ても、明治時代の皇后のご養蚕、昭和時代の天皇のお田植えは、天皇制の変質、それも儒教への傾斜を物語る事例と言えそうである。

水戸学の祭政教一致論

天皇が行う農業に関する儀礼として、収穫感謝の祭祀も存在した。儒教では、籍田が春に行われる豊作祈願の儀式であるのに対して、秋に収穫（豊作）を感謝する儀式として「享（きょう）」が定められていた。経学解釈上、本来のその儀式については諸説あるが、やがて皇帝による明堂（君主が儀式を行う建物）での天の神への祭儀として制度化されていく。

一方、日本では儒教の影響を受ける前から、王権による収穫感謝祭が独自の様式で行われていた。これが律令にも残存し、歴代天皇によって実施されていく。毎年の収穫感謝祭を新嘗祭と呼び、代替わり直後の年については大嘗祭（だいじょうさい）という名が定着した。

この「嘗」という漢字表記を用いた祭祀を、十九世紀には儒教教義で説明する試みが現れる。

会沢正志斎（あいざわせいしさい）といえば、十九世紀前半の後期水戸学を代表する思想家である。晩年は幕府に従順な態度を示したため、過激派（天狗党激派）から批判された。

だが、彼が主張していた政治秩序構想は、祭祀・政治・教学（正しい教義として教育機関で伝授され、臣下・庶民を導く倫理とされるべき内容）の一致を掲げて、尊王攘夷運動の起爆剤になったと評価されている。

彼の代表作は『新論』である。その巻之上「国体上」は、天祖天照大神の命を受けて天孫瓊々杵（ににぎ）が地上に降り、祭政一致の礼楽秩序（祭祀の実践と政治の方策とが一致するかたちで実現するだろう儒教が理想とする社会秩序）を構築していくさまを叙することから始まっている。

> よって「列聖」（歴代天皇）が大いなる孝を敷き拡げることとは、山陵（天皇、皇后の墓所）を秩序づけ、祀典（してん）（祭祀のしかたを規定した法典）をあがめて誠敬をつくす手法として、礼制が大いに備わり、本（初代の祖先）に報い祖を尊ぶ意義は大嘗祭に至って極まる。（大意、原漢文）

会沢は、この大嘗祭の「嘗」の字義は、その年に収穫されたばかりの穀物を天神に供えることだとする。そして、ここに自注して、限定して天祖と呼び、群神の汎称として天神というのだとする。

すなわち天祖は天照大神のこと、天神は記紀の用法どおり高天原に由来する神々全体、天神をさすというのだ。

そもそも、天祖がめでたい種を得てそれを田で栽培し、天下万民の食糧とした。これと並んで天祖は口に繭を咥えて養蚕を開始し、万民の衣服のもととした。天孫降臨にあたって天祖が万民に稲を与えたので、嘗の祭儀をもってその恩に謝するのである、と。

さらに会沢は、収穫感謝祭としての嘗に、祖先祭祀としての性格も与えている。

中国儒教の場合、収穫感謝は天神に対する祭祀、嘗は人鬼としての祖先（中国語で鬼は死者の霊であり、和語の「おに」とは異なる）への宗廟（祖先、特に君主を祀った建物）での祭祀であり、別物とみなされていた。

ところが、日本では後述するように、古代に収穫感謝祭に「嘗」という漢字をあてた。

このように、日本では収穫感謝祭に「嘗」という祭祀名を用いたため、中国の儒学者たちとは異なって、会沢のように収穫感謝祭と祖先祭祀とを結びつけて説明する議論が、可能になっていたのである。

三つの「嘗」

そもそも、『養老令』（『大宝令』を改訂して七五七年に施行された律令法典）の神祇令（天神地祇への祭祀を規定した篇）には、嘗という字を用いる祭祀が三つ記載されている。

季秋。神衣祭。神嘗祭。

仲冬。上卯相嘗祭。寅日鎮魂祭。下卯大嘗祭。

このうち神嘗祭は、伊勢神宮に幣帛（神前の供物）を奉る祭祀で、『養老令』施行にともない、天平宝字元年（七五七年）以降はもっぱら中臣氏が管掌した（『続日本紀』天平宝字元年六月乙未条）。

九月（季秋）十一日に、宮中で勅使に供物を渡す儀式が行われ、伊勢に到着ののち、十七日に神宮に奉納する。

十五世紀なかばには応仁の乱でいったん中絶したが、二百年後の正保四年（一六四七年）

に復活した。

明治維新後は皇居の賢所（皇居のなかにある、天皇が祭祀の一部を行うための建物）でも、奉幣（神前に供物を捧げること）が行われるようになる。

太陽暦（グレゴリオ暦）採用後も、しばらくはそのまま九月に行っていたが、明治十二年（一八七九年）からは十月に改められた。稲を収穫するには、もともとの月である九月にこだわるよりも、実際のしかるべき時季に合わせる必要があったからである。

この「神嘗祭」は、かつては公式な祝祭日の名称で、敗戦後の昭和二十二年（一九四七年）に廃止される。ただし、今でも天皇の私的な祭祀として、皇居および伊勢神宮で実施されている。

今上陛下も十月十七日には、まず神嘉殿（皇居のなかにある儀式のための建物）で神宮遥拝（遠く離れた所から拝むこと）の儀を、そのあと賢所の儀を執り行っておられる。

相嘗祭は十一月の最初の卯の日に天皇が神々と共食する祭祀である。『延喜式』（式とは律令で規定された法律を執行するための政令を集めたもので、十世紀はじめの延喜年間に編纂され、数十年後の九六七年に施行したとされる）には、畿内の諸社に幣帛を奉ることが規定されていたが、やがて廃絶した。

そして、養老令の条文では「大嘗祭」と書かれているのが、通常いわれる新嘗祭(にいなめさい)のことである。後世、代替わりのあと、はじめて行われる新嘗祭のことを特に大嘗祭(だいじょうさい)と呼び、礼式も別格で重いものとなった。

通常の新嘗祭は、「仲冬の下卯」すなわち十一月の最後の卯の日に行われる。卯は十二支の一つで、毎日に順次配当していくと十二日に一度めぐってくるわけだから、一ヶ月(旧暦では二十九日もしくは三十日。第五章を参照)には二回か三回あった。そのうちの最後の卯の日という意味である。

ただし、朝廷が編纂した正式な歴史書に記載された実施例を見ていくと、十四日に実施したりもしているので、その月の最後の卯日というわけではない。(十四日が卯の日だった場合は二十六日も卯の日なわけだから、十四日が「下卯」というわけにはいかない。)この翌日(したがって辰の日)には宴楽が行われた。

新嘗の語は『日本書紀』にすでに見えるが、十月に行っている場合もあり、『養老令』の神祇令の規定によって、十一月実施で定例化した。

九世紀半ばの『貞観儀式』（朝廷の儀式を定めた書物）には、巻五に「新嘗会祭儀」として礼式が載る。『禁秘抄』（一二二一年に順徳上皇が著した有職故実の解説書）では、祈年祭などとともに「伊勢事」（伊勢神宮にかかわる神事として仏僧が関与しない祭祀）に分類されている。

新嘗祭は、現在の「勤労感謝の日」の源流であり、明治時代になってからも新嘗祭の名称で行われていた。日付が二十三日に固定されるにいたったのは、グレゴリオ暦を採用した明治六年（一八七三年）の十一月の卯の日がたまたま十一日と二十三日の二回だったからで、なんら必然性・論理性のない、まったくの偶然にすぎない。

天皇制の重要な祭儀であるにもかかわらず、この程度の理由で日付固定されているのである。

新嘗の語義は、その年に新しく収穫された穀物を供えて神と共食することである。

「嘗」は上述のとおり、儒教経学上は秋に行う祖先祭祀の名称だが、ここでは字の原義どおり「なめる」という意味である。

そのため、前述した会沢正志斎『新論』のように、後世になると神儒一致の立場から、儒教経学上の嘗の礼で、説明を試みる論者が現れることになる。

つまり、七〜八世紀の律令制定の頃に儒教用語を借用し、その意味を変容させて土着の王権祭祀に漢字名称を与えていたものが、江戸時代の神儒一致論のなかで「文字が同じなのだから意味も同じはず」という理屈を呼び出すことになったわけである。

一般に、中世（十二〜十六世紀）には、天皇の権威・権力が衰微したとみなされている。代替わりにあたって費用が調達できず、大嘗祭も室町時代の途中からは実施されなくなっていた。その後、江戸幕府の厚意によって貞享（じょうきょう）四年（一六八七年）に復活する。

ただ、大嘗祭以外の農耕についての一般的な儀式は、天皇を頂点とするかたちでの体系が存続していた。原田信男は、今谷明の足利義満が王権簒奪（さんだつ）を計画したとする説に言及する文脈で、こう述べる。

名実ともに日本国王であった義満にしても、天皇から奪い得たのは仏教的な祈禱祭祀のみで、米を中心とする農耕に関わる神祇の祭祀権を、自らのものとはできなかったことに注意すべきである。

（原田信男『歴史のなかの米と肉——食物と天皇・差別』、平凡社、一九九三年）

原田は、祭祀王権として日本国のあるべき姿を象徴する機能を果たした点に、中・近世においても天皇制が存続しえた理由を見ている（同書二〇九～二一〇頁）。

江戸時代には、米作りをする農民を理念的に優遇する政策がとられ、士農工商の下に賤民身分が定置されることにつながった。原田の著書の主旨は、稲作にともなう儀礼を司る天皇と、獣にかかわる業務を担当する被差別民という対照構造を、米食推奨と肉食禁忌の二項対立から解読することにある。

「稲作の完全な遂行を目的として、肉の禁忌が強制された」（同書一七八頁）。

この原田の見解に沿って解釈するならば、天皇自身が西洋風の食事を取り入れて肉食するようになった明治時代には、天皇の農耕祭祀の意味が相対的に低下したとも読み取れる。また、天皇を頂点とする身分秩序が形式上・法制上は崩れて四民平等の理念が尊重され、これが被差別民（新平民と呼ばれた）にも及んだことと相即している。

ただし、天皇制がそれ以前に、被差別民のように伝統的な法制からはみ出していた集団と特殊な関係を築いていた側面も見落とすことはできない。

網野善彦は『日本中世の非農業民と天皇』（岩波書店、一九八四年）などにおいて、後醍醐（ごだい）

醐天皇が既存の幕府権力と対峙する際に、のちに差別を受けるようになる集団も利用したことを指摘した。

原田が図式化するように、この両者は対立項となることによって、日本の社会秩序を外枠として支えていたのである。

その象徴的な事例として、陵墓の治定（どれが誰のものかを決めること）、特に神武天皇陵の造営・拡張の一件がある。章をあらためてこの問題を見ていきたい。

第二章　山陵

大王古墳と皇帝陵

「前方後円墳」という語がある。古墳の形状を表す考古学の学術用語だが、歴史の教科書で使われていることもあって、日本で教育を受けた者なら誰しもなじみがあるはずだ。

畿内の大王一族の墓に多いが、地方豪族もその王権に服属するとともにこの墓制を採用したため、前方後円墳は全国各地に広く見られる。大陸にはない、日本独特の形状として、ヤマト政権の威信を示す象徴的な遺跡である。

なお、韓半島南部に見られる似た形状の古墳については、「日本の前方後円墳の起源になった」とする説と「日本の勢力下にあった地域に作られた」とする説が並存している。

前方後円墳がなぜこの形状をしているのかは定かでない。一説に、五世紀に倭の五王が中国南朝の宋に朝貢した際、その都である建康（今の南京）にあった、皇帝が天と地の神を祀る施設を写し取ったものとされる。

中国は古来、天神（天空や諸天体、気象などに関わる神々）を円丘、地祇（国土や山川など地に関する神々）を方丘で祀る慣行があり、この時期には両者を同一の場所で祀る方式だったからだというのだ。

ただし、建康の祭場の形状が、前方後円式であったとは考えにくい。なぜなら、儒教経学上、円丘と方丘とを合体させたかたちにするべきだという議論を、少なくとも現存史料に見いだすことはできないからだ。

天神と地祇を同一の場所で祀るべきだという主張は、地祇のためにわざわざ独自の施設を用意する必要はないという主旨であり、円丘に天地を並べればすむ話で、二つの施設の形状を合体させようとするものではなかった。

それに、そもそもこうした発想は、わが国の古墳形状を「前方後円」と呼ぶことに由来するわけだけれども、この呼称は当事者のものではない。

「前方後円」というこの名称は、後述するように十九世紀初頭に完成した書物ではじめてそう呼ばれたものにすぎない。棺が埋まっている円丘部分はさておき、それと接続する台形の土盛りを、五世紀当時のヤマト政権首脳が「方」（正方形）と認識していたかも疑問である。よって、私はこの説に賛成できない。

中国では、兵馬俑（へいばよう）で有名な秦の始皇帝陵がそうであるように、皇帝の陵墓は広大な面積を有していた。

前漢最大の武帝陵（茂陵）は、一辺二百三十メートルあまりの方形墳、唐最大の太宗陵（昭陵）にいたっては、百八十余の陪葬墓（臣下の墓）をともなった、面積約二百平方キロ、九嵕山と呼ばれる標高約千二百メートルの自然の山を利用した山陵である。

邪馬台国女王卑弥呼の使節が朝貢したのは魏の明帝であるが、その父文帝（曹丕、皇帝在位二二〇〜二二六）は、巨大な陵墓造営を自制すべく薄葬（簡略化した葬儀）を指示して崩御した。

そのため彼を葬った首陽陵は、首陽山という自然山をそのまま用いており、苑池や参道もなく、地表になんら建築物を設けないきわめて質素な造りで、盗掘を防ぐために副葬品も瓦製品主体で、市場的価値のない地味なものばかりだった。

魏は儒教王権だったから、その陵墓制も儒教の教義的影響を受けていた。

薄葬は、一般に死者を厚く葬ることをよしとする儒教の教えに反するようだが、始皇帝や漢の武帝のような巨大墓造営に国力・民力を消耗することは仁政ではないとする、儒教の理念にかなっている。皇帝の陵墓が人工的に造られたものではなく、自然の山を用いた山陵であったりするのも、そうしたところに一因があろう。

儒教の墓は、その元祖とされる孔子の墓がそうであるように、遺体を棺に入れて埋め、さらに外枠（槨）で覆い、その場所に盛り土をする。墓の前には墓参に際して供物を並べる場所があらかじめ確保され、必要なら墳墓に至る参道も整備する。皇帝をはじめ高貴な身分の人の場合には、参道に石像を林立させて威厳を示す造りになっていた。

五世紀に、倭王の使節が実見したかもしれない建康（南京）近辺の南朝陵墓は、江南平原に営まれたこともあって、これら北方の山陵より規模は小さいものの、中華皇帝の威厳を示すべく造営されていた。

南京はその後何度も戦火や略奪に見舞われているため、完全な形で遺っているものはないが、五世紀に造営されたいくつかの陵では、参道にあった一対の石獣像（想像上の霊獣たる天禄と麒麟）が現存している（図2の1）。

儒教では親に対して死後も孝養を尽くすことが求められており、また伝統中国の死生観（生命活動のはたらきは、死後は空中に遊離する魂と、遺体にとどまる魄とに分かれる）もあって、遺体は土葬していた。仏教のように火葬するのは論外で、親不孝な行為として教義的に批判された。

こうした考え方に道教的な不老不死思想が加わると、遺体を生前同様に保存すべく工夫す

図２の１　南京のいくつかの陵に現存する天禄と麒麟の石像

るようになる。

一九七二年に発見されて翌年から発掘された馬王堆漢墓(まおうたいかんぼ)では、化学的な処理技術を用いたために、二千年前の遺体がきわめて良好な状態で遺っており、発見当時は押すと皮膚がくぼんだという。(現在は腐敗が進んでしまっている。)

毛沢東の遺骸が生けるが如くに、北京天安門広場の毛主席紀念堂に永久に安置されているのも、社会主義国の先輩ロシアのレーニン廟を模したとともに、中国古来の死体観念にもとづく面を具えている。

図２の２　仁徳天皇陵古墳（時事通信フォト）

江戸時代の山陵治定

前方後円墳の代表格とされる、いわゆる仁徳天皇陵古墳は、全長約五百メートル、宮内庁の管理が徹底していて人の立ち入りを厳禁しているため、緑の木々に覆われ水を湛えた周濠に囲まれる偉容を示し、ひときわ壮観である。

平成二十九年（二〇一七年）七月に、河内平野一帯の諸古墳とあわせた「百舌鳥・古市古墳群」として、文化庁からユネスコ世界文化遺産に推薦されることが決まった（図２の２）。

しかし、つい百五十年程前まで、この

状態での保存はなされていなかった。奈良時代に仏教が鎮護国家の国教とされると、やがて天皇のための大規模な陵墓造営は廃絶し、それ以前の古墳についても祭祀・敬慕の対象ではなくなった。

平安時代には、『延喜式』で遠陵・近陵（遠い祖先の陵墓と、比較的近い祖先の陵墓）を定め、使節を派遣して祭祀を行う対象とした（一四八頁で後述）。

しかし、室町時代ともなると陵墓は顧みられなくなって、どれが誰を埋葬しているのかさえ不明となる。

現在、仁徳天皇陵とされている古墳も、本当のところは誰の墓かわからない。そのため、考古学的に厳密には大仙古墳（大山古墳とも）と呼ばれている。幕府も朝廷も仏教を尊崇していたから、長いこと陵墓の考証を志す御用学者も現れなかった。

そうしたなか、江戸時代なかばになってようやく陵墓への関心が生まれ、松下見林『前王廟陵記』（一六九六年）や蒲生君平『山陵志』（一八〇一年）が著された。

松下見林は医家に養子に入って家業を継ぐかたわら漢学を修め、のちに讃岐高松藩（香川県）に仕えた。時の藩主は松平頼常、かの徳川光圀（いわゆる水戸黄門）の実子である。

松下見林は、江戸時代における初期の国学者として知られるが、彼を紹介する各種事典の説明には、その功績として『日本三代実録』（清和・陽成・光孝三代の天皇の年代記）の校訂作業と、『異称日本伝』（中国・韓国の史書から日本関係記事を抜き出して考証を加えたもの）の編纂のみがあがり、『前王廟陵記』には言及していないものが多い。

しかし、上記二書が既成文献の整理中心にすぎないのに対して、本書は諸史料からの引用に加えて彼自身の考察がなされており、思想史的に重要である。

彼は序文において、古代陵墓の制が崩れて今や管理も行き届かず、耕作地となって棺も保全されていない惨状を呈していることを嘆く。そうした状況を改善すべく、古籍を繙くのに加えて自身現地に赴いて調査し、土地の古老に証言してもらいながら陵墓探索を行って、この書をまとめたと述べる。その成果として、歴代天皇陵の場所の特定作業（これを「治定」という）がなされた。

松下見林の治定作業と直接の因果関係はないが、この時期、常陸国水戸藩（茨城県）の当主徳川光圀が、尊王思想の立場と、彼自身水戸藩で行っていた神儒一致の様式による墳墓造営とによって、幕府に皇陵の修築を請願している。そして、幕府の力で、元禄十年（一六九七年）から皇陵整備が行われた。

ただし、これは一回かぎりの部分的な措置にとどまり、皇陵の管理を継続的に幕府の責任で実施するものではなかった。

見林や光圀の百年後に活躍した蒲生君平は、現地実見をしたうえで、古墳の形状研究など綿密な考証を行い、現在の宮内庁治定の基礎となるデータを提供した。「前方後円墳」の名付け親も彼である。

彼がこの作業を始めたきっかけは、水戸藩の『大日本史』編纂事業に協力したいという強い意志だった。

君平は下野国宇都宮（栃木県）の一介の町人だったが、隣接する水戸藩の学風の影響を受け、その思想に共鳴していた。

『大日本史』は、徳川光圀の発意で編纂が開始されてから約六十年を経て、すでに享保五年（一七二〇年）には幕府に献上されていた。

ただし、それは本紀（天皇ごとの年代記）と列伝（個々の人物の伝記）の部のみから成っており、当初の光圀の構想にあった、中国の正史に具わっている表（各種年表や系図）と志（制度史）はまだ手つかずの状態だった。

蒲生君平在世時には、いったん開始されたこれらを編纂する作業が、また中断していた。『大日本史』編纂事業を担当する彰考館総裁の立原翠軒は、本紀と列伝だけで完成品ということにしてしまおうと考えるに至る。これに対して異議を唱えたのが、藤田幽谷だった。そして、この幽谷の知友のひとりが蒲生君平である。

こうして彼は『大日本史』の志の部の編纂に助力すべく、みずから九つの志を私家版として著す計画を立てる。そのうち唯一完成したのが、この『山陵志』だった。十九世紀が幕を開けた年、享和元年（一八〇一年）のことである。

なお、幽谷の主張どおりに、表と志を完備したかたちで『大日本史』が完成したのは、明治三十九年（一九〇六年）になってからだった。

しかし、蒲生君平らの熱意にもかかわらず、幕府当局者は皇陵整備に消極的だったし、朝廷にはそのための財力がなかった。

幕末の文久二年（一八六二年）、君平ゆかりの宇都宮藩の提案にもとづいて、ようやく陵墓の治定と大規模な修築がなされ、現在の景観が「復元」されることになる。しかし、それは彼等の理想の投影にすぎず、学術的には確証に乏しい、恣意的な「復元」にすぎなかった。

神武天皇陵の治定

さて、神武天皇陵の治定について、松下見林と蒲生君平の考えは食い違う。松下見林『前王廟陵記』の本文は、天孫降臨の主役瓊々杵以下三代の日向（宮崎県）の陵墓に始まり、次に神武天皇畝傍山陵の考証に移る。以下はその大意。

考えるに、畝傍山は今の奈良の西南六里（一里＝約三・九二七キロ）、久米寺の北で、俗に慈明寺山といっているのがこれである。東北の陵は百年来、壊れて糞田（排泄物で作った肥料を施した耕作地）となっており、地元民は神武田（かむた、とも）と呼んでいる。汚されていることは嘆かわしい。わずかに数畝（数アール）が丘として残っているが、農夫はこれに登ってなんら不思議に思わない。その様子を見るに及んで寒気がした。

当時の人々が、ここを陵墓として尊崇など微塵もしていないさまが活写されている。

見林は結局、地元の伝承を尊重して「神武田」（ミサンザイとも）と呼ばれている地を陵の跡地とみなした。

これに対して蒲生君平の『山陵志』巻一は、神武田ではなく、丸山という地が神武天皇陵であるとする説を披露する。以下、大意。

たしかに今もその地には神武田と呼ばれる場所があるが、そこは平地であって、山から東北に三町（一町＝約一〇九メートル）ばかり隔たっているから、「尾上」という名称と合わない。しかも、『前王廟陵記』にいう「数畝（ほ）が丘として残っている」というのも、神武田ではなく、神武田からさらに東北に三町ばかりのところに古墳があるので、おそらくそこを指している。民の無知なることは、地の利を貪（むさぼ）ることだけを考え、天子の陵墓に妄（みだ）りに耕すにいたっている。そうして石棺に及ぶや慄然として畏怖し、それまで侵そうとはしないものだ。そこで「数畝が丘として残っている」というのが人情というものである。ただそこを侵してその上で耕作しているというのはなんとも残忍である。どうしてなおさら別に丘を三町も外に営んでいるのだろうか。思うに、その古墳は当時の陪葬墓のたぐいであり、決して神武の陵ではあるまい。

以下、蒲生君平は、松下見林の説――神武田の別名が「美賛佐伊」なのは「美佐佐岐」のなまりで、陵（天皇・皇后の墓所）だった証拠であり、かつて神武天皇を祀る祠廟があってのちに国源寺という仏教寺院になったとする――に対して、この陵（丸山）の近くに集落が存在するのが、丸山が神武陵である証拠だとする。

すなわち、この村の住民たちは神武陵を守る役目（守戸）を命ぜられた者たちの子孫であり、一般の百姓ではなく、今も特殊な生業で暮らしていると述べる。

橿原神宮新設

明治二十三年（一八九〇年）、神武天皇陵に隣接して橿原神宮が新設された（図2の3）。帝国議会創設や教育勅語発布と同じ年である。

祭神は神武天皇と皇后媛蹈鞴五十鈴媛命。その由緒について、橿原神宮公式ホームページには「歴史：創建以前」として次のように記されている（http://www.kashiharajingu.

図2の3　橿原神宮（中央やや左）。中央は畝傍山。右はじに神武天皇陵（時事通信フォト／朝日航洋）

or.jp/about/history.html)。

古来、畝傍山の山麓周辺には、上代の天皇陵など往昔(おうせき)の遺跡やそれらの伝承地が数多く残っていましたが、東南山麓の橿原の宮跡には、これまでにどのような施設も造られた形跡がなく、畑地となっていました。これは、上代の都が当代一代限りのもので、次々と遷都されていたためで、新帝が他に新宮を造営されると、旧宮は取り払われて耕地に還元されていたと考えられます。

宮の跡地が耕地に還元されていたのは、政策的意図からではなく偶然であろう。しかし、ここでは神道の教義として、記紀の記載にもとづいて「上代の都が当代一代限りのもの」だからだと説明されている。

それによって、記紀に記録された記念すべき建国の地たる橿原宮が、その後二千五百年余にわたって朝廷から忘れられた存在であったことの合理化がなされている。

しかし、この間、大化改新でも建武中興でも、誰も神武天皇の宮跡を思い出そうとはしなかったという厳然たる事実がある。

たとえ、「上代の都が当代一代限り」だとしても、その場所まで忘却されていたというのは、初代の天皇に対してふさわしい処遇とは思えない。

ただ、こう指摘することは、(車寅次郎の決めぜりふを借りれば)「それを言っちゃおしまいよ」であり、宗教的には、この神道教義に対する冒瀆行為になるのかもしれない。

中・近世における皇陵の扱い

そもそも、かつて皇陵はどのような扱いを受けてきたのであろうか。

後藤秀穂という人物の『皇陵史稿』(木本事務所、一九一三年)の第二章は「皇陵の荒廃」

と題され、古記録をあげて平安時代以降の衰微・放置の歴史を縷々述べている（三九〜四六頁）。

まず、鎌倉時代までの事項を箇条書きで記せば、

（1）康平二年（一〇五九年）に推古天皇陵が、同六年（一〇六三年）に成務天皇陵が盗掘された（『扶桑略記』）。

（2）長治三年（一一〇六年）、光孝天皇陵が盗掘された（『中右記』）。

（3）久安五年（一一四九年）、興福寺僧が聖武天皇陵を盗掘したと東大寺が訴えた（『本朝世紀』）。

（4）天福元年（一二三三年）、鳥羽安楽寿院法華堂（鳥羽天皇陵に相当）の宝物が盗まれた（『百錬抄』）。

（5）嘉禎元年（一二三五年）、大内陵（天武・持統の夫婦両天皇合葬陵）が盗掘され、持統天皇の火葬の遺骨が廃棄された（『明月記』）。

（6）文永五年（一二六八年）、蒙古国書の到着を受けて国家の安寧を祈る使節を七箇所の陵に派遣した際、仁和寺内の宇多天皇陵については所在が不明であると報告された。ただ

し、話のオチとして、そもそも宇多天皇自身の遺言で墓を造らなかったことが判明した（『吉続記』）。

（7）文永十一年（一二七四年）、桓武天皇陵が盗掘された（『仁部記』）。

（8）弘安十一年（一二八八年）、継体天皇陵盗掘犯が逮捕された（『公衡公記』）。

以上である。

後藤がつづいて述べているように、これらは現存史料に記録されて残っている事例にすぎない。このあとの室町時代ともなれば、盗掘を記録した史料すらなく、皇陵がどのような状況に置かれていたのかを窺う術はない。

後藤があげている戦国時代の事例は、松永久秀が聖武天皇陵を利用して多聞山城を築いたという特別な場合である。それも当時の原史料は、陵墓の侵犯を責める文脈ではなく、淡々と事実として記すだけであった。

後藤は、この陵墓侵犯について、「かゝる事は、当時に於ては、寧ろ尋常茶飯事として、人の怪む事もなければ、特に記し置けるものもなし」（四一頁）としている。

豊臣秀吉と仁徳天皇陵

戦国時代の例についてあげられているのは、豊臣秀吉が仁徳天皇陵でしばしば猟を行ったこと（『堺鑑』）と、彼の茶頭（茶の師匠）である千利休が、仁和寺内の光孝天皇陵にあった塔を、自分の屋敷の庭の灯籠としたこと（『武徳編年集成』）である。

後藤は、秀吉と利休の行為を特に批判しているわけではない。当時の趨勢を示す例としてあげているだけである。

ただ、一般に、千利休は秀吉に対して君臣秩序をないがしろにするその非礼ぶりを理由に、切腹を命じられたことになっている。そして、その非礼を示す事例として、大徳寺の山門に自分の木像を据え、秀吉が下を通った際に像が上から見おろしていたという件があげられる。ところが、切腹に際して、光孝天皇陵への不敬行為については一切お咎めなしであった。

そもそも、陵墓から遺物を盗むという行為は、古くは律令で禁じられた大罪だった。もしこの行為が、古代もしくは明治維新のあとであったなら、その所行は必ずや糾弾されていたはずである。

秀吉は、自分が陵墓で狩をして殺生を実践していたくらいだから、利休のこの所行を責めることすら思いつかなかったのだろう。

豊臣秀吉が勤王家であったとする戦前の歴史認識を今も墨守している、いわゆる伝統尊重主義の人士は、この件をどう評価するのだろうか。

仁徳天皇陵は、古来ずっと陵墓と伝承されてきた場所なので、秀吉もここが山陵であることを知っていたはずだ。つまり、彼は確信犯的にここで狩猟を行ったのである。

仁徳天皇の事跡として伝えられ、秀吉も聞き知っていたであろう炊煙の故事の尊重と、その当人を葬った墓への敬意とは、この天下人の頭のなかでは別事だったのだろうか。

炊煙の故事とは、『日本書紀』仁徳天皇紀四年の条にある話柄である。

あるとき、仁徳天皇が丘の上に登って見下ろすと、民家から炊事の煙が立ち上っていなかった。彼は民が貧しく食事もままならないのであろうと察し、税を一切免除する措置をとった。数年後、同じ丘に登ったところ、民の暮らしは回復し、家々から炊煙がさかんに立ち上っていた、というものである。

仁徳天皇崩御から数百年後に編まれた『和漢朗詠集（わかんろうえいしゅう）』（一〇一三年頃）には仁徳天皇の御（ぎょ）製（せい）（天皇が詠まれた和歌のこと）として、

たかきやに　のぼりて見れば　煙（けぶり）たつ　民（たみ）のかまどは　にぎはひにけり

（訳）
高い場所に登って見てみると、煙が立ち上っている。民の家々のかまどでは炊事が行われているのだなあ。

という和歌が載っている。

この歌は記紀には見えないのだけれども、『新古今和歌集』（一二〇五年）に転載された。「仁徳天皇と『民のかまどの煙』はどの日本人にも周知のこととなった」（渡部昇一『渡部昇一の古代史入門――頼山陽「日本楽府」を読む』、ＰＨＰ研究所、二〇一三年）。そして、昭和初期にはこの御製まで含めて、すべて史実として学校で教えられ、皇国少年に対して、仁徳天皇および天皇家への敬愛の情を育む教材として使われた。

ところが残念なことに、秀吉が仁徳天皇陵に対してなした所行の方は「周知のこと」ではなかったようだ。渡部ほどの碩学（せきがく）も、生前この件にはまったく触れていない。

渡部が描く豊臣秀吉は、頼山陽が「日本楽府」のなかの詩「裂封冊（れつほうさく）」（明の皇帝からの国書を裂く）や『日本外史』で描いたとおり、明の皇帝（神宗万暦帝）から日本国王に封じられたことを潔しとしない勤王家だった。

遺憾ながら、渡部は平成二十九年（二〇一七年）に、彼が信仰する天上の神（天照大神や儒教の天神ではなく、天地創造神でありながらみずから受肉して人の姿になり、死後復活・昇天した神）のみもとに旅立ったので、秀吉が仁徳天皇陵で狩猟した史実に対する感想を聞くことはもはやできない。

神武天皇陵の治定と修築

ただし、豊臣秀吉の不敬行為もあながち責めることはできない。彼の時代には、陵墓に対して敬意をいだくという観念自体が無くなっていたからだ。

後藤前掲書は、上記以外にも中・近世における皇陵の衰微ぶりを、限られた史料を列挙して語る。

南北朝時代の光明天皇晩年の庵・墓所の所在が、江戸時代初期には不明になっていたこと（『夏山閑話』）、室町時代の後土御門天皇は、埋葬の費用が調達できずに遺骸がそのまま放置されていたこと、江戸時代初期の後水尾天皇崩御のときに、歴代天皇の納骨堂が破損していたこと、などである。

> 尊王心発達史を知らんと欲するもの、以て帝陵復興史を講ぜざる可からざる也。（『皇陵史稿』二頁）
>
> （訳）
>
> 尊王の精神が発達した歴史を知ろうと思うならば、天皇陵が復興してきた歴史を述べないわけにはいかない。

そして、ようやく「帝陵復興」の時代が来る。

先述（八一頁・八三頁）のとおり、江戸時代には大きく二回、元禄と文久とに修陵事業が行われた。

文久年間に在位していた孝明天皇は、文久のあと足掛け二年の元治を経て慶応へと改元されたその二年の年末、十二月二十五日（グレゴリオ暦では一八六七年一月三十日）に崩御する。翌慶応三年にはその陵墓が、じつに千年ぶりに山陵形式で造営された。陵墓に埋葬され、かつ国家管理の聖地とされたのは、明治政府の陵墓政策を先取りするものだった。

しかも、ここには御陵衛士（ごりょうえじ）と名乗る正式な警備部隊まで設けられた。その隊長は、新選組離脱者の伊東甲子太郎（かしたろう）。陵墓警備は新選組を抜けるための口実とされるが、これまでの陵墓のありかたを根幹から変えるものであり、現在も続く宮内庁による陵墓管理の源流になったと評価できるだろう。

神武天皇陵の治定と修築は、文久の修陵事業の目玉であり、幕府から一万五千両（今の金額でおよそ三十億円？）もの助成がなされた。

そして、明治維新成就後は「神武創業」が政府の標語になったため、神武への崇敬の念がいっそうたかまり、明治二十三年（一八九〇年）には、陵墓と隣接する土地に神武天皇を祀る橿原神宮が創建されもした。

物議を醸した後藤のコラム

ただし、後藤は、その現状に満足していたわけではない。

上述したように、蒲生君平がすでに陵墓周辺に特異な村があることを記録していた（八六頁参照）。

後藤は当時もつづくこの現状に対して、世論に訴える文章を欄外コラムとして掲載している（『皇陵史稿』一九八頁）。

> 畝傍（うねび）山は、なつかしい山である。
>
> 理窟は知らず、唯（ただ）何となく、恋しく、懐（な）つかしい「何事のおはしますかは知らねども」である。
>
> 理窟から云（い）へば、畝傍山は何でも無いものかも知れん、畝傍山の宮居、畝傍山の御陵、と云ふのも、畝傍山を目安（めやす）に取つただげ（ママ）で、畝傍山それ自身は何でも無かつたかも知れん。
>
> が、かやうな切（きつ）ても血の出ん、冷酷な、三百的な理窟は、此聖祖開国の地に、適用したく無い。「畝傍山みればかしこし」と、宣長の吟じたのは、誠に国民の代表的讃嘆の言葉であると思ふ、吾等（われら）は、窮天極地、此山の尊厳を持続して、以て天壊（ママ）無窮に、日東大帝国開創の記念としたいと思ふ。
>
> 驚く可し。神地、聖蹟、この畝傍山は、甚（はなは）しく、無上、極点の汚辱を受けて居る。

知るや、知らずや、政府も、人民も、平気な顔で澄まして居る。

事実は、こう（ママ）である。

畝傍山の一角、しかも神武御陵に面した山脚に、御陵に面して、新平民の墓がある、それが古いのでは無い、今現に埋葬しつゝある、しかもそれが土葬で、新平民の醜骸はそのまゝ此神山に埋められ、霊土の中に、爛（たゞ）れ、腐（くさ）れ、そして千万世に白骨を残すのである。

士台（ママ）、神山と、御陵との間に、新平民の一団を住（すま）はせるのが、不都合此上なきに、之に許して、神山の一部を埋葬地となすは、事こゝに到りて言語同断（ママ）なり。（原文の傍点（「・」および「◎」）は省いた。）


後藤の責任というより、印刷職工の間違いと、その校正漏れであろう誤字が散見される。「こう」は今ならこれで正しいが、当時のかなづかいでは「かう」のはずだし、「士台」は「どうせ」の意味の「土台（どだい）」であろう。

なかでも、彼にとって思想信条の上で重要だったはずの「天壌無窮（てんじょうむきゅう）（天壌（あめつち）とともに窮まり無し＝天皇制の永遠性の形容）」が「天壊無窮」（天が陵墓を壊すこと窮まり無し）となっている誤りは、笑うに笑えない。言語道断である。
「天壌無窮」は、皇室の弥栄、万世一系が永久に続くことを、天孫降臨のときに天照大神が瓊々杵に与えたはなむけのことばだった。『日本書紀』の一書（本文とは別に伝承として並記されているもの）に載っており、明治維新以後、天皇制の永遠性を象徴する用語として広まっていた。それを誤植して「天壊無窮」にしてしまうとは、天皇制打倒を掲げる共産主義者が職工のなかにまぎれこんでいて、わざとやったのだろうか。

当時の読者の誰かが気づいて指摘したことがあるのかどうか、興味が湧く。後藤に悪意を持つ読者なら、これをことさら言い立てて筆禍事件を起こすことも可能だったろう。今ならさしずめ「炎上」である。

これに対して、誤植ではなく、当時は通常の用語だが、現在なら問題にされてネットで話題になるだろう表現が「新平民」である。

江戸時代において、公定身分として特殊な呼称で区別されていた被差別民は、明治になって「新平民」と呼ばれるようになった。彼らも法制上は平民身分（華族・士族の下に位置する出自呼称）とされ、いわば旧平民たる江戸時代の百姓・町人との間に、区別は存在しないはずだった。

しかし、現実には差別は根強く残っており、ここでの後藤の悪意に満ちた記述も、彼が被差別民問題をどう捉えていたかを如実に示している。

私は、彼のような天皇崇拝論者がみな差別主義者だったと主張するつもりはない。たまま彼のような事例があるだけで、明治時代に近代国家となった日本国民は、天皇崇拝と四民平等（ここに、元来は四民の枠外とされていた被差別民も含めた真の平等）を並存させる感覚を具えていたと信じたい。

だが残念ながら、後藤は差別表現を使って神武天皇陵の現状を嘆いている。その口調はまさしく現代のヘイトスピーチを連想させる。

集団移住

彼のこの記述が、当該被差別民の移転問題を引き起こす発端となった。

この件は、近代日本の汚点たる差別問題のなかでも有名である。

後藤の上記文章による世論喚起に対する忖度・自主規制からか、被差別民たちは国に対して自発的に土地の譲渡を申し出て、下賜(かし)金の名目で相応の補償金を得たうえで、陵墓域外に集団移住した。

この事件は、戦後の部落解放運動を天皇制批判と結び付ける文脈のなかで取り上げられた。当時、奈良女子大学文学部附属高等学校の教諭だった鈴木良は「天皇制と部落差別」（『部落』二二六号、一九六八年）を発表して、この移転が天皇制国家権力による強要であることを告発する。

これに対して、近年では、強制性は存在せず住民側の自主的な判断であるとの見方が提起され、また、そもそもが畝傍山神苑計画の一環としての景観問題であり、被差別民問題とは次元が違うと論じる実証研究もなされている（高木博志「近代における神話的古代の創造――畝傍山・神武陵・橿原神宮、三位一体の神武『聖蹟』」、『人文学報（京都大学人文科学研究所）』八三号、二〇〇〇年）。

ただ、たとえここに住み着いていた住民たちが、みずから「神武天皇の陵墓域内で自分たちが暮らすのは畏れ多い」と考えるにいたったにせよ、そもそもここに神武天皇陵など無かったのである。

彼らの祖先がいつここに住み着いたのか、彼らがいつから賎民視されるようになったのか、明確な年代は考証しようがない。しかし、少なくとも蒲生君平の証言にあるように、十八世紀後半には、彼ら被差別民がここに定住して久しくなっていた。

尊王思想という新しい流行と、その結果としての明治維新が、彼らを住み慣れた地から追い立てた点は動くまい。ましてや後藤の文章は、聖域に彼ら「新平民」を居住させておくべきではないという、排除と差別の論理で書かれている。

高木の言うように、景観美化という一般的な公共性のためであったとしても、この地域の景観を美化せねばならない必要性は、神武天皇陵および隣接する橿原神宮が創設されてはじめて生じたことである。当該住民のほうが古くからここで生活してきたのであり、その事実をこそ尊重すべきだったのではなかろうか。

天皇陵が純粋な文化遺産でないことは、この一事をもっても知りえよう。

葬制――土葬か火葬か

最後に、一般国民の遺体埋葬方式が明治維新によってどう変わったかについて、主として林英一『近代火葬の民俗学』(佛教大学、二〇一〇年)によりながら紹介しておく。

本書は、近代日本における火葬の普及過程を、各地の実情報告にもとづいて整理・分析した研究であり、それまで民俗的慣行だった土葬が、しだいに火葬に取って代わられる経緯を分析している。

それは明治維新以降、土葬への回帰が確定した天皇の葬制とは、向きが正反する変化であった。しかし、細かく検討してみると実相は単純ではない。

明治政府は当初、天皇家同様に一般国民にも土葬を強制しようとしていた。明治六年（一八七三年）、太政大臣三条実美名義による太政官布告第二百五十三号として「火葬ノ儀、自今禁止候条、此旨布告候事」（火葬について今後は禁止する旨を布告すること）が通達された（林書一二七頁による）。

林は、その二年後に青森県が県下に再度これを布達している史料をもとに、「現実には火葬がなくならなかったからではないか」としている。

その理由として、「火葬は真宗（浄土真宗）地帯で行われ、それは宗教的な意味付けによるものであるために、法的規制がなされたからといって、容易に変えられるものではなかったからと考えられる」という（一二八頁）。

一方では、火葬場を廃止して太政官布告を遵守した地域もあった。

また、長野県などでは、太政官布告に先行して「火葬ノ妄行ヲ戒ム」（火葬をみだりに行うことを禁じる）条例を出し、火葬を白昼行うことを禁じている。

林は、井上章一による、白昼の火葬は明治維新後の新現象だとみなす見解（『霊柩車の誕生』初版は一九八四年。増補新版が朝日文庫、二〇一三年）を批判し、すでにそれ以前から一般化していたからこそ、この年（明治五年）に禁令を出したのだとしている。

しかし、この太政官布告は、明治八年（一八七五年）には廃止通達によって無効となる。ただし、「火葬禁止の解除はそのまま禁止される以前のままを認めたものではなく、焼場を人家から遠ざけたり、焼場の構造に基準を設けたりと、行政指導のもとでなされたことがわかる。（……）思想的にも、生活的にも火葬を必要とした人々があったということになる。火葬禁止を短期間で解除したことは、政府としても実態を無視することができなかったのであろう」（一四六〜一四七頁）。

つまり、林の見解によれば、明治政府は（少なくともその初期においては）、国民の葬儀慣行を土葬に一本化しようとしていた。

大きな流れとしては、近代は火葬が普及していく時代として捉えられるわけだが、それは明治政府の理念によるというよりも、江戸時代の一部地域の慣行が残ったという面をもっていた。ともすれば、政府による近代化政策の一環と誤解されがちだが、そういうわけではなかったのである。

林は、単線的な「火葬から土葬へ、そしてふたたび火葬へ」という図式をとらない。史料にもとづいて「江戸時代の後期には、土葬・火葬という二つの葬法の並立的展開が確認できる（。……）土葬・火葬という二つの葬法は、地域的な展開をなしているということができる。地域により土葬が優勢であったり、火葬が優勢であったりするということである。（……）土葬・火葬という葬法の地域的展開の直接的要因は、記録から宗教的な要因であることがわかる。（……）近世期の火葬の受容は宗教的動機、ただし、古代の火葬で確認したような『仏教』という大きな宗教のくくりではなく、その中の『真宗』という一宗派との関係性の上で行われており、その意味では多分にセクト的であるものとして捉えることができる」（九四～九五頁）。

また、土佐藩（高知県）では、江戸時代前期に、儒者たる山崎闇斎・野中兼山らの提唱で火葬を廃して以降、一貫して土葬であったとする昭和初期の証言をもとに、当該時期に儒学的思想を背景に土葬への変化があったこと、さらに、上述の明治六年の太政官布告の思想的背景として、水戸学の皇国思想をうかがうことができるとも指摘している（九五～九六頁）。

林は、こうした地域差・宗派的相違のみでなく、階層的な相違も指摘している。

図2の4　上杉家廟所（時事通信フォト）

江戸時代前期、まさに山崎闇斎・野中兼山らと時期を同じくして活躍した、いわゆる好学大名、保科正之（会津藩）・池田光政（岡山藩。五四頁参照）・徳川光圀（水戸藩）らは、自家の葬法を仏式から別の様式に改めた。その際に彼らが取り入れたのは、神儒一致を前提とする神式（つまりは儒式）であり、土葬墓の造営だった。

これが全国に一律普及することはなかったが、米沢藩上杉家の墓のように、仏式ながら儒教の宗廟（そうびょう）を意識した配列形式もあった（一四〇頁で後述、図2の4）。

米沢藩では、前章五七頁で紹介したように、のちに藩主上杉治憲によって籍田が営まれることになるが、その先駆けとして儒教を模した墓

図2の5　万年山儒式墓（宮武健仁／アフロ）

制が定められていたのである。

江戸時代後半になると、徳島藩の万年山儒式墓のように、従来からの菩提寺（興源寺）とは別に、丘陵地に土葬墓を営むところも出てくる（図2の5）。万年山儒式墓を造営させた藩主蜂須賀重喜は本居宣長と同世代であり、蒲生君平とも重なる十八世紀後半の人だった。

「火葬から土葬へ」という思想的転換が一部で進んでいた趨勢が、文久の山陵整備や幕末の孝明天皇陵の造営につながり、明治六年の太政官布告、すなわち一般国民への土葬強要の思想的根拠になったのである。

第三章　祭祀

祈年祭と皇霊祭

宮内庁のホームページには、天皇皇后両陛下の一年間のご日程一覧が載っている。(http://www.kunaicho.go.jp/page/gonittei/top/1)

毎年、その二月十七日の項には「祈年祭の儀（宮中三殿）」とある。

宮中三殿とは、皇居内に設けられた神殿で、賢所（かしこどころ）（六七頁参照）・皇霊殿・（固有名詞としての）神殿の総称である。

また、毎年三月の春分の日には「春季皇霊祭・春季神殿祭の儀（皇霊殿及び神殿）」、九月の秋分の日には「秋季皇霊祭・秋季神殿祭の儀（皇霊殿及び神殿）」とある。

本章では、数ある宮中祭祀のうち、この祈年祭と皇霊祭とを取り上げる。この二つの祭祀は、前章の陵墓同様、儒教を思想資源として十九世紀に整備されたものだからだ。

この他にも、一月三十日の「孝明天皇例祭」のように、新たに行われることになった祭祀もあるが、祈年祭と皇霊祭は、八世紀の律令体制構築にあたって一回受容された儒教教義が、十九世紀に形を変えて復活した点が特徴的であり、そのことを象徴的に示している。

ただ、遺憾ながら、その創設経緯の説明は容易ではない。中国における儒教経学、日本での律令以来のその受容、その後の仏式への変更、そして明治維新における神仏分離政策と、幾重にも複雑な事項がからみあっている。

できるだけ噛み砕いてわかりやすい叙述になるよう努めたつもりだが、煩雑・冗長になることをお許し願いたい。

天皇が行う祭祀について学術的に語るには、これだけの予備知識が必要なのだ。単純に「日本古来の伝統」などと言ってすませるのは、知性の放棄である。

中国の祈穀祭祀

まずは中国の儒教祭祀が、律令体制のなかでどう取り入れられたかの話題から始めよう。

前章で紹介した『山陵志』の著者蒲生君平は、みずから命名した前方後円墳を天皇陵の典型・理想としていた。前方後円墳は、現在では古墳時代と呼ばれている五〜七世紀の大王墓の代表的様式である。

それが七世紀後半の律令編纂時には円墳の時代となり、さらに八世紀ともなると仏式葬制の浸透により、山陵の時代は終わりを告げている。

第一章の最後に紹介した会沢正志斎のような江戸時代の尊王論者たちは、仏式導入前のやりかたにこそ日本古来の正しい葬制があるとしていた。

会沢正志斎は、律令時代に整備された天皇が主宰する祭祀の復活も提唱していた。

以下、その代表格たる祈年祭について見ていく。

なお、祈年祭の「年」とは、もちろん時間の区切りとしてその当該年を指してはいるが、もともと稔に通じる豊作の意であり、収穫の予祝儀礼であった。今はふつう音読みで「きねんさい」だが、「としごいのまつり」と訓読みすることもあるし、奈良・平安の貴族たちはそう発音していただろう。


國學院大學の二十一世紀COEプログラム「神道と日本文化の国学的研究発信の拠点形成」のホームページ「神道・神社史料集成」には、祈年祭の項目がある（http://21coe.kokugakuin.ac.jp/db/jinja/kinensai.html、二〇〇六年作成）。

その最初に掲げられているのは、『続日本紀（しょくにほんぎ）』慶雲（けいうん）三年（七〇六年）二月二十六日条の記事で、地方諸国の十九の社に、祈年の幣帛（へいはく）（神前の供物）をはじめて入れたというものだ。

　この記事は、同ホームページでその次に掲げられている『養老令』神祇令（六六頁参照）仲春条の規定「仲春。祈年祭」（仲春は二月の異名）に沿うものだった。

　慶雲三年時点で使われていた神祇令は、『養老令』よりも前の『大宝令』（七〇一年完成）のものである。しかし、残念ながら『大宝令』の原文は現存しない。

　ただ、『養老令』は『大宝令』の規定を修正した法典だから（六六頁参照）、このように、『養老令』施行以前に実際に行われた儀式が『養老令』と一致する場合、その多くは『大宝令』の規定どおりに実施されたことを意味するとみてよかろう。つまり、『大宝令』に、この規定がすでにあったと解釈できるわけである。『養老令』の注釈書である『令義解』（八三三年）の当該条によると、「その年に災害が起こらず、時令が順序どおりであるようにと神祇官（朝廷の祭祀を司る官庁名）で祀るので、祈年という」とする。

　時令とは、天人相関思想（五七頁参照）の一つで、一年間の時節時節にふさわしい行為をすることによって、天変地異・異常気象が生じないようにするもの。用語も発想も中国由来だった。

時令の聖典、『礼記』の「月令」

そのおおもとは、前三世紀なかば、秦の丞相（首相）呂不韋が編纂させたと伝えられている『呂氏春秋』である。『呂氏春秋』には「十二紀」と称される部立てがあり、毎月の天文・気象、生物の様子といった自然界の特徴と、その月に行うべき人間界の諸行事が列記されている。

これを継承するものとして編纂された「月令」という文章がある。伝承では、漢の文帝（在位前一八〇～前一五七）のときに、朝廷の博士たちの編纂によるという。

その後、前一世紀に戴聖という人物が編纂した、礼に関する諸文献の集成書に収録された。この集成書は、礼の経典に対する解説書という意味で、やがて『礼記』と呼ばれるようになり、鄭玄（一二七～二〇〇）によって三礼の一つに認定された（二七頁参照）。

三礼とは、礼の経典として『儀礼』と『周礼』、それにこの『礼記』の三つの書物をさす。やがて『礼記』は他の二書を押しのけて礼経を代表するものとなり、科挙試験の出題対象教材となった。

今でも歴史の教科書などで四書五経という語を説明する注に、礼からは『礼記』をあげているのはそのためだが、経学の解説としては正しくない。本来の礼の正統な経書（礼経）は、『儀礼』だったからだ。

『礼記』は当初、あくまでもその解説書（「記」）として、雑多なテキストを集成して編纂されたものにすぎなかった。ただし、その諸篇が儒教教義を説いたものとして珍重されたため、経としてのあつかいを受けるに至った。

こうして『礼記』の一篇である「月令」は、王朝国家が遵守すべき時令の聖典とみなされるようになった。

その孟春（一月の異名）の部の全文を掲げる。他の十一ヶ月もこれと同様の構成・内容である。後掲の解説と対照させて、便宜的にいくつかの段に分け、アルファベットで区切る。

（A）孟春之月、日在営室、昏参中、旦尾中。其日甲乙。其帝太皞、其神句芒。其虫鱗。其音角、律中太蔟。其数八。其味酸、其臭羶。其祀戸、祭先脾。

（B）東風解凍、蟄虫始振、魚上冰、獺祭魚、鴻雁來。

(C) 天子居青陽左个。乗鸞路、駕倉龍、載青旂、衣青衣、服倉玉、食麦与羊、其器疏以達。

(D) 是月也、以立春。先立春三日、太史謁之。天子曰、某日立春、盛徳在木。天子乃斉。立春之日、天子親帥三公九卿諸侯大夫、以迎春於東郊。還反、賞公卿諸侯大夫於朝。命相布徳和令、行慶施恵、下及兆民。慶賜遂行、毋有不当。乃命太史守典奉法、司天日月星辰之行、宿離不貸、毋失経紀、以初為常。是月也、天子乃以元日祈穀于上帝。乃択元辰、天子親載耒耜、措之参保介之御間、帥三公九卿諸侯大夫、躬耕帝籍。天子三推、三公五推、卿諸侯九推。反執爵于太寝、三公九卿諸侯大夫皆御。命曰、労酒。

(E) 是月也、天気下降、地気上騰、天地和同、草木萌動。王命布農事、命田舎東郊、皆修封疆、審端経術。善相丘陵阪険原隰土地所宜、五穀所殖、以教道民、必躬親之。田事既飭、先定準直、農乃不惑。

(F) 是月也、命楽正入学習舞。乃修祭典。命祀山林川澤、犧牲毋用牝、禁止伐木。毋覆巣、毋殺孩虫胎夭飛鳥。毋麛、毋卵。毋聚大衆、毋置城郭。掩骼埋胔。

(G) 是月也、不可以称兵、称兵必天殃。兵戎不起、不可従我始。毋変天之道、毋絶地之理、毋乱人之紀。

（H）孟春行夏令、則雨水不時、草木蚤落、国時有恐。行秋令、則其民大疫、猋風暴雨総至、藜莠蓬蒿并興。行冬令、則水潦為敗、雪霜大摯、首種不入。

（A）冒頭、天文現象とこの月に配当される神・生物・音・数・味・匂いが列記される。
（B）次に陽気の記事に移り、東風（こち）が吹いて暖かくなって啓蟄（けいちつ）（冬ごもりしていた動物たちが地上で活動を再開する）や、獺祭（だっさい）（かわうそが獲った魚を祭る）、渡り鳥のことが書かれる。
（C）つづいて、自然界のこうした変化を受け、天子が青を基調色とする諸儀礼を執行することが述べられる。
（D）それには立春・祈穀（きこく）・籍田といった儀式をそれにふさわしい日取りで行う。籍田については第一章で解説した。祈穀については一二三頁で後述する。
（E）この月には農耕を開始するので、それに関する諸事を天子が人民に指図する。
（F）この月は生きものが発育する時節なので祭祀の犠牲獣に雌を用いてはならないし、木を伐（き）ったり巣を荒らしたり、幼虫を殺したり卵を獲ったりしてはならない。それと同様に、人民を徴集して土木建設工事をしてはならないし、野ざらしの遺骸はきちんと埋葬する。

（G）また、この月に軍事動員を行ってはならず、もしそれを行えばきっと天罰がくだる。戦争をこちらから仕掛けてはならない。

（H）そして、末尾に、時令に違反した場合に起こる天変地異をあげる。すなわち、夏に行うべきことをこの月にすると予想外の大雨が降って草木がしぼんでしまう。秋に行うべきことをこの月にすると、疫病がはやって暴風に襲われ雑草が生い茂る。冬に行うべきことをこの月にすると、洪水や大雪に見舞われ作物が育たない。

つまり、王が季節に適応した、しかるべき政治をしない場合には、それにつられて自然界の秩序も乱れてしまうという因果関係を想定している。

祈年祭の源流・祈穀

以上の「月令」の規定のなかで祈穀と呼ばれているのが、わが国の祈年祭の源流となった祭祀である。

（D）「是月也、天子乃以元日祈穀于上帝」
（この月、天子は元日に穀物が豊かに実ることを上帝に祈る）

ところで、この「元日」とは何か。

鄭玄（じょうげん）（一一四頁参照）の解釈によると、この語はここでは月の第一日（ついたち＝朔）という意味ではなく、「しかるべき佳（よ）き日」、すなわち吉日の意味である。

ただし、これはあくまでも彼ら儒学者たちの解釈であって、原意がそうだったとはかぎらない。

この箇所は「月令」がもとにした『呂氏春秋』でも同文だが、その編者たちが、ついたちとは別の日を「元日」と表現したとは私には思えない。原義はおそらく今も言う意味での元日、すなわち一月一日だったであろう。

ところが、儒教の王権儀礼体系では、正月元日こと一月一日には別の重要な儀礼があった。文武百官や朝貢使節が皇帝に拝礼する元会朝儀である。

そこで、祈穀祭祀の方の日付は、これからずらす必要があった。そのため、ここの「元日」をすなおに「ついたち」の意味には取れなかったのだ。鄭玄の解釈は苦肉の策だった。

ただ、原意はどうあれ、一年間の諸儀式の流れのなかで、正月のしかるべき日に必須の儀礼として、祈穀祀は定着していく。その功労者は、なんとあの王莽だった。

おごれる者たち

『呂氏春秋』や「月令」の記述は、当時実際に行われていた年中行事を写した実録ではない。著者たちが自身の信ずる教説にもとづいて作り上げた、仮想・架空の儀礼プログラムだった。これが現実化するのは、前一世紀から後一世紀にかけて、「儒教国教化」などともいわれる過程においてである。

その立役者の一人が王莽(前四五〜後二三)だった。

王莽というと、わが国では『平家物語』冒頭、祇園精舎の段にその名が登場することで広く知られている。

「祇園精舎の鐘の声、諸行無常の響あり」で始まる七五調の歌詞は、平家の栄華と没落を言い出すためのまくらとして、中国・日本の歴史から類例を列挙する。

「遠く異朝をとぶらへば、秦の趙高、漢の王莽、梁の朱异、唐の禄山」

　最初の趙高は、前三世紀、秦の二世皇帝に仕えたおべっか使いの人物である。自分にさからう者を見分けるために鹿を馬と称して皇帝に献上し、不思議に思った皇帝が近臣たちに質した際、事実どおりに「それは鹿です」と答えた者たちを、自分にさからう可能性があるとして粛清した。

莫迦の宛て字「馬鹿」のもとになっている。（バカはサンスクリット語で「おろか者」を意味する語の音訳が本来の語源で、莫迦の方が古い表記。）

　こうして皇帝に直言できるまともな政府高官がいなくなった秦は、民心にそむく政策をゴリ押しで行ったため、圧政に苦しむ人々が各地で蹶起してあえなく滅亡する。

　権力者に追従して保身栄達を図り、その結果、国を滅亡させてしまうような連中は、自分では利巧なつもりかもしれないが、昔も今もみな「馬鹿」なのである。

　朱异は他の三人に比べると小者なので、侯景と混同したともいわれている。

　この侯景は六世紀、南北朝時代後半に、北朝から南朝の梁に投降した将軍で、武帝に重用された。そしてついにクーデターを起こして武帝を幽閉し、餓死に追いやる。朱昇はこの事件で武帝側近として暗躍する人物。

侯景は一時期皇帝を僭称（せんしょう）して権力を揮ったが、梁の王族に討伐され誅殺される。

禄山は、語調を揃えるために下の名だけで呼ばれているが、安禄山のことである。

八世紀、西域出身の商人・軍人で、唐の玄宗の寵愛を得て北方守備の将軍となるが、もうひとりの寵臣楊国忠（ようこくちゅう）（楊貴妃のまたいとこ）と険悪になり、叛乱を起こす。彼も皇帝を自称したが自分の子に殺される。

王莽は彼らと並ぶ「奢れる人も久しからず、たけき者も遂（つい）にはほろびぬ」の象徴的人物で、漢の外戚として権力を掌握し、譲位されて皇帝になり国号を新と定めたものの、極端な儒教原理主義政策を推し進めて現実と齟齬を来たし、民衆叛乱の結果自殺した。

郊＝郊祀＝祈穀祀

その王莽が、前漢最末期の平帝の元始五年（西暦でも五年）に行った祭祀制度改革の上奏文には、『春秋穀梁伝』を根拠に、「正月上辛、郊す」とする一節がある。

これが経学上、祈穀祀の根拠とされたのだ。

ここで王莽が典拠にした『春秋穀梁伝』とは、五経の一つである『春秋』の注釈書三種（春秋三伝、あとの二つは『春秋公羊伝』と『春秋左氏伝』）のうちの一つである。

王莽は一般には『春秋左氏伝』を重んじた人物として知られているが、国家祭祀の制定にあたって祈穀を実施する日について、ここでは『春秋穀梁伝』に見える「郊」という字を根拠に自説を主張したのだ。

どういうことかというと、「月令」の祈穀（一一八頁参照）と、この『春秋穀梁伝』の郊の祭祀（以下、郊祀と呼ぶ）とを、同じ祭祀の別の表現とみなしたからだ（『漢書』郊祀志による）。

ちなみに、「正月上辛、郊す」の上辛とは「上旬の辛の日」の意味だ。

古来、日付を十干十二支の組み合わせで表記する慣行がある。たとえば「正月辛酉」のように用いたわけだが、十干はその名のとおり十通りあるので、各月が三十日（もしくは二十九日）ある（二一八頁参照）なかで三回ずつ繰り返される。これを順に上旬・中旬・下旬と呼ぶ。

つまり、上旬には毎年かならず一回の辛の日がある。その日付は年によって三日になったり十日になったりして不定だけれども、毎年かならずある。

そこで、数値の上での日付（「ついたち」だとか「みっか」だとか）に固定するのではなく、辛という十干の方を基準とし、この日付に祈穀を行うべきだというのが王莽の主張だった。これ以降、歴代朝廷は、祈穀祭祀を正月（孟春）の上辛の日に実施するのを定例とした。

『春秋』の哀公元年（前四九四年）に「四月辛巳郊」という記事があるのだが、『春秋穀梁伝』の解釈では、これは本来春に行うべき郊祀を、孟夏の四月に行った時令違反を記録したものとなる。

ふつうに行っていれば特記することはないので、『春秋』には、他の年には郊祀の記載が無い。記載が無いのは通常どおりに実施されていたからである。我々が日記に毎日の日課で当たり前のことを書かないのと同じだ。この年にだけ記録しているのは、この年にだけ実施されたからではなく、季節外れで実施したことを（『春秋』の筆削者とされる）孔子が批判したからだという解釈である。つまり、前述の時令の思想に違反したわけだ。

王莽はこの『春秋穀梁伝』の解釈を採用し、郊祀は（四月ではなく）本来は正月の辛の日、しかも上旬の辛の日に行うべきだと主張したのであった。

どういうことであろうか。

経学のなかの祈穀郊祀

『春秋穀梁伝』では、郊祀の実施を正月だと限定せず、春の三ヶ月（正月・二月・三月）のいずれかの上辛の日に行うのが正しいとしていた。（だから、孟夏四月に行った哀公元年のやりかたはまちがいなのである。）

郊自正月至於三月、郊之時也。我以十二月下辛卜正月上辛、如不従、則以正月下辛卜二月上辛。如不從、則以二月下辛卜三月上辛、如不從、則不郊矣。

（訳）

正月から三月までが、郊の時節である。祭祀を行う側が十二月下辛に正月上辛が適切かを占い、結果がよくなければ正月下辛に今度は二月上辛について占う。それでもまだよい結果を得られなければ二月下辛に三月上辛について占い、まただめであれば、もうその年は郊祀をしない。

『春秋』のこの箇所、注釈書三伝の他の二つには、説明の文章が付いていない。『春秋穀梁伝』だけが解説をしている。

『春秋穀梁伝』では、祈穀を春の三ヶ月のいずれかの上辛の日に行えばよく、しかもそれを前の月の下辛の日、すなわち祭祀予定日の十日前にあらかじめ占うとしていた。

ところが、先ほど述べたように、王莽はこれを毎年正月上辛に行うべきだとして固定しており、先だって日を占う必要はないと考えていた。

その根拠は上述の「月令」だと思われる（「この月〈一月〉、天子は元日に穀物が豊かに実ることを上帝に祈る」。一一九頁参照）。

『春秋』と、「月令」のもとの文献たる『呂氏春秋』とは、元来は思想的に別系統で、相互の記述内容に関係はない。

ところが、「月令」が『礼記』の一つの篇として儒教に取り入れられ、時令思想として権威を持つようになると、両者の記述内容の整合性を図る思考が生まれる。

この二書だけではない。他の経典の記述もあわせて包括的な説明が試みられた。

漢代を通じて神聖視された経典に『孝経』がある。全文約二千字の短編だが、その一節（のちに聖治章と呼ばれる箇所）に次のような一文がある。

昔者周公郊祀后稷以配天、宗祀文王於明堂、以配上帝。

（経学の通説による訳）

昔、周公旦（しゅうこうたん）は始祖たる后稷（こうしょく）（周王朝の始祖）を郊祀して天に配して祀り、父である文王を明堂に宗祀して上帝に配して祀った。

すなわち、郊祀という祭祀と宗祀という祭祀が並び称されている。

ここに名前のある周公旦は、周の初代武王の弟で、兄の死後、政治を取り仕切り、礼制を定めた人物。その彼が天神（上帝も天の神の一種）を祀るにあたって、自分の父祖（后稷と文王）を一緒に祀り、周が天命を受けた正統な王権であることを示そうとした文言だと、漢代の儒学者たちは解釈した。

明堂という建物での祭祀（宗祀）と対をなすものとして、郊祀があげられている。

また、王莽が尊重した『周礼』には、節服氏（衣裳係）の職掌として、

> 掌祭祀朝覲袞冕、六人維王之太常。諸侯則四人、其服亦如之。郊祀裘冕二人、執戈、送逆尸、従車。
>
> （訳）
>
> 祭祀・朝覲・袞冕を担当し、六人で王の旗を持つ。諸侯には四人で、その服もこれと同じである。郊祀では裘冕が二人で、戈を執り、尸の送迎には車に随行する。

とあって、ここにも郊祀という語が見える。

なお、朝覲は朝貢のこと。衮冕・裘冕は天子の冠（冕）と衣裳（衮・裘）。戈は武器の一種で「執戈」は護衛をする意味、尸は祭祀で神の役割を演じる人物である。


これらの「郊祀」が『春秋』に出てくる「郊」と同一視され、皇帝が行うべき祭祀の名称とみなされた。その内容としては、祈穀が援用されて豊作祈願の祭祀という性格を賦与された。そして、農耕を始める前の孟春正月に実施すべきだと理屈づけたわけである。

以後、歴代王朝に踏襲され、唐でも正月上辛に、祈穀の儀が郊祀の一つとして行われていた。

なお、この他に、やはり王莽が関わった祭祀として、冬至と夏至に行う別の郊祀があり、中国ではこの方が重要だった（七四頁の円丘と方丘）のだが、日本では律令に記載はなく、桓武天皇らが例外的に実践しただけであった。

祈年祭の盛衰

中国ではこのように、儒教の各種経典にある記述を総合し、互いに矛盾がないような説明方式で、祈穀という祭祀が考案された。日本が模倣した唐の制度もこれを踏襲している。ただし、『養老令』神祇令に記載されている名称は、祈穀ではなくて祈年だった（一一三頁参照）。「穀物が実る（稔＝年）ことを祈る」のだから、両者は実態として同じものである。

神祇令では、仲春の祈年祭に始まる全部で十九ある一年間の諸祭祀を列記したあと、それらの礼式・祭日は「式」によれと命じ、祈年祭と月次祭（季夏・季冬、すなわち六月と十二月の年二回ある）については、文武百官が神祇官に集って参列すべきことを規定している。

この「式」とは、中国で律令格式と呼ばれる四種の法令のうちの一つで、法の細則を規定したもの。日本でも編纂開始時の年号を用いて『弘仁式』・『貞観式』・『延喜式』と三回編纂された。

このうち本文が現存するのは『延喜式』で、その巻九・巻十に記載された神社一覧、いわゆる神名帳は、今でも神道において重視されている。

というのは、ここに記載された神社、全二千八百六十一社は「式内社」と呼ばれ、古くから存在する由緒正しい神社の肩書きとして、今も通用するからである。

一方、『貞観式』（八七一年）の本文は散佚したが、この頃の編纂とされる『貞観儀式』（編纂の時期については異論もある。以下『儀式』と呼ぶ）は現存している。

この二つの書物は、まぎらわしいが別物だ。「式」が律令全体にわたる細則であるのに対して、「儀式」とは現在私たちが使う意味での儀式、すなわち祭祀などの事項に限定した内容を記載している。

『儀式』は、全十巻の冒頭に祈年祭を掲げ、細かな祭式（儀注と呼ばれる）について詳述している。

それによると、二月四日が祈年の祭日だった。中国の祈穀は正月上旬だから、およそ三十日後となり、今の暦（グレゴリオ暦）では二月下旬から三月中旬にあたる。

時期が中国とずれたのは、中国の祈穀を参照しながらも、日本古来の豊作祈願の儀礼を活かし、その時期に合わせたからだと解釈できる。

國學院大学の上掲ホームページ「神道・神社史料集成」を閲覧すると、『日本三代実録』（八一頁参照）では、その記載が始まる清和天皇の貞観元年（八五九年）以降、毎年二月に祈年祭を実施したことが、例外無く記録されている。

その定型文は「祈年祭如常（例年のように祈年祭をした）」であった。

これはおそらく、清和天皇になってから突然始まったわけではない。これ以前の歴史書（『続日本後紀』や『日本文徳天皇実録』）では、祭祀実施の記載を省略していたのであろう。

『儀式』と『日本三代実録』から、史料上、祈年祭は遅くとも九世紀には定例祭祀となり、宮中儀礼として神祇官が主宰していたことがわかる。

やがて祈年祭は、天照大神を祭祀対象とするようになって、伊勢神宮系の祭祀に変容する。順徳上皇が承久の乱（一九一頁で後述）の直前、承久三年（一二二一年）に著した『禁秘抄』にも、「神事次第」に「二月四日祈年祭」とあり、その他の祭祀とあわせて「已上伊勢事也」（以上は伊勢神宮の祭祀である）とされている。

しかし室町時代の後半には、大嘗祭など他の諸祭儀同様、祈年祭も廃絶した。

大嘗祭は十七世紀には復興を遂げるが、祈年祭については十八世紀はじめ、東園基量の『東園大納言基量卿記』に、宮中で復興運動が起こったが実現しなかった旨の記載があるという。

祈年祭が復活するのは、明治維新の直後、明治二年（一八六九年）のことであった。

維新期の祭祀復興

武田秀章『維新期天皇祭祀の研究』（大明堂、一九九六年）の「序」は、同書の趣旨を次のように記述している。

幕末維新期は、国家存亡如何の危機の只中、天皇を軸芯としてわが国近代国民国家が形成されてゆく産みの苦しみの時期であった。この過程において、天皇および天皇の行なう祭祀（親祭祭祀）もまた、幕末維新の政治過程に呼応しつつ、著しい変容・拡充を遂げてゆく。本書は、こうした幕末維新期における天皇親祭祭祀の展開過程を、その過程を主導した最も基本的な動向――文久山陵修補事業（中古以来荒廃に帰していた歴代天皇山陵の復興事業）着手に端を発する山陵・皇霊祭祀の形成と展開――に着目しつつ検討しようとするものである。（iii頁。括弧内は原文ママ）

武田は、村上重良『国家神道』（岩波書店、一九七〇年）などに見られる通説、すなわち明治維新後の神祇官改革を、神道国教化政策の挫折と捉える見解を、一面的にすぎると批判する。

神道国教化政策とは、江戸時代までは神仏習合のなかで神祇祭祀が行われていたことを批判し、日本古来の伝統として、神道を仏教から切り離して再編成しようとした政策である。

したがって、これは神仏分離の動きと表裏一体の関係にあった。だが、この政策は現実的ではなかった。

村上の見解では、これにかわって登場したのが神祇官改革、すなわち『養老令』に定められていた神祇官を再興し、この官庁が祭祀をつかさどる仕組みの構築だというのである。

これに対して、武田は次のように言う。

「神祇官改革・宮中神殿創祀こそが、近代皇室祭祀の枠組のみならず、皇祖皇宗への責務を存立の根拠とする近代天皇制度の根幹を礎定したのであり、それこそが、幕末以来の山陵・皇霊祭祀形成の論理的発展・必然的帰結」であった（武田前掲書、iii頁）。

たしかに、本書でここまで述べてきたように、皇室祭祀の創設は山陵整備から連続しており、儀礼慣行として現在もなおつづいている。

祈年祭は古制を文字通り復興したわけだが、一方、武田の引用文で紹介されている皇霊祭は、「神祇官改革・宮中神殿創祀」の中核にあって、天皇親祭の象徴的祭祀として創設されている。（親祭とは、神祇官などの官僚が行うのではなく、君主みずから祭儀を執行することで、中国儒教の用語。）

つまり、古来行われていたものではなく、新たに創り出されたわけだ。

では、「皇祖皇宗」を祀る皇霊祭とは何なのか。

ここでまた中国の礼制に話を戻してみる。先ほどの郊祀と対をなす、中国王権祭祀の一方の雄、宗廟制度である。

宗廟で祀られる祖先の代数

儒教では、孝についての教義（親だけでなく、祖先に対しても感謝することが人間として当然だとする見解）から、祖先祭祀を重視する。

王権儀礼としては、現在の皇帝から見て四代前の祖先までを定例祭祀の対象としていた。直系の場合、高祖父・曽祖父・祖父・父ということになり、これは、父系血縁原理たる宗法（そうほう）において、小宗（しょうそう）の最大の範囲とされる祖先だった。（大宗は一族全体。）

『後漢書』祭祀志・下に、

三年正月、立親廟於雒陽、祀父南頓君以上至舂陵節侯。

とある。

すなわち、後漢初代皇帝の光武帝（諱〈生前の実名〉は劉秀）は、建武三年（二七年）、都の洛陽（雒陽）に高祖父の劉買（春陵節侯）から父の劉欽（南頓君）までの四代の祖先を祀る施設として親廟を建てた。経学上、これを「四親廟」と呼ぶ。

しかし、官僚のなかには、祀るべきなのは自分の血統ではなく、皇帝だった人たちだと主張する者がおり、光武帝は部分的にその意見を採用して前漢末期の皇帝たちを祀ることにした。こうして、光武帝が前漢を継承する皇帝であることを示したのである。

皇帝が先祖四代（光武帝の改制後の原理では、直近の皇帝四代）を宗廟で祀るという方式は、前漢末の経学者韋玄成の主張にもとづくもので、『礼記』喪服小記篇にある、王は先祖四代の廟を建てるとする記述を根拠にしている。

ところが、同じ『礼記』でも、王制篇や礼器篇には「天子七廟」という表現がある。

そこで韋玄成らは、七というのは周王朝の特例で、直近の先祖四人に加えて、后稷（始祖）と文王・武王父子、計三人を、その功績によってずっと祀りつづける対象としたから、総計が七になったのだと解釈した。（文王は、天命を受けた事実上の創業者、武王は殷を武力で打倒して王位に就いた人物。）

これにもとづいて、前漢末期には、先祖を自分たちの一族（劉氏）に変えて、五人を祀る方式を採用している。

どういうことかというと、漢の初代皇帝高祖（劉邦）は、天命を受けて王朝を創建した人物として、経学上、周の后稷に相当する人物として扱われた。周で文王・武王に与えられた、祖先のなかで特に功績の大きかった人物の枠を設けず、高祖と直近四代（計五人）を祀るという仕組みである。

こう説明すると、「周では、天命を受けたのは、后稷ではなくて文王だったのでは？」と疑問をもつ読者が多いことだろう。たしかにそうなのだが、漢の儒学者たちは、周と漢とでは王朝成立の事情が異なると考えたのだ。

周の場合、もともと后稷が当時の王（堯（ぎょう）およびその後継者の舜（しゅん））から諸侯に任命された。そのあと代々世襲することで、千数百年後に文王が登場する。文王とその子の武王が殷に代わって王として君臨することができたのは、后稷がその礎を築いたからだと理解された。

これに対して、漢の場合、高祖は庶民の子として生まれた。父親は高祖が皇帝になってからもしばらく存命だったが、息子の偉業になんら貢献していない。つまり、高祖は祖先の遺徳によって王朝を開いたのではなく、彼ひとりの力でそうなったのである。経学的には天命を受けたのは彼だし、それには彼の祖先は関与していないとされた。そのため、漢では高祖が宗廟で祀られ続ける人物になったのである。

光武帝も、前漢のやりかたを継承し、即位直後に自分の血統の祖先四代を祀っていたときも（四親廟）、高祖を別に祀っている。血縁上も光武帝は高祖の子孫だからだ。

韋玄成（いげんせい）の考え方では、本来の廟制では、ずっと祀られつづける始祖一人と、喪服小記篇にもとづく直近の四代とをあわせて、五人の祖先を祀ればよい。

彼によれば、王制篇や礼器篇が周についての記載で「七廟」とするのは、文王・武王がいた周の特殊事情によるものだから、漢ではまねる必要はない。周でも四親廟を規範としてはいたが、実際の王朝成立事情がこれとは異なる七廟制度をもたらしたという理解である。

これに対して、喪服小記篇が四親廟（これに最初の祖先をあわせて五廟）とするのは、王朝創業時の一時的な状態であり、王制篇や礼器篇にいう七廟制は、周だけではなくどの王朝にもあてはまる共通ルールだとする説が登場する。

そうなると、周の場合は、これに文王・武王のふたりを特別に加えた九廟制だったと言われることにもなり、先述の王莽（おうもう）はこの立場だった。

後漢のあとも、晋・唐・宋といった長く続いた王朝では、代数を重ねるごとに祀るべき祖

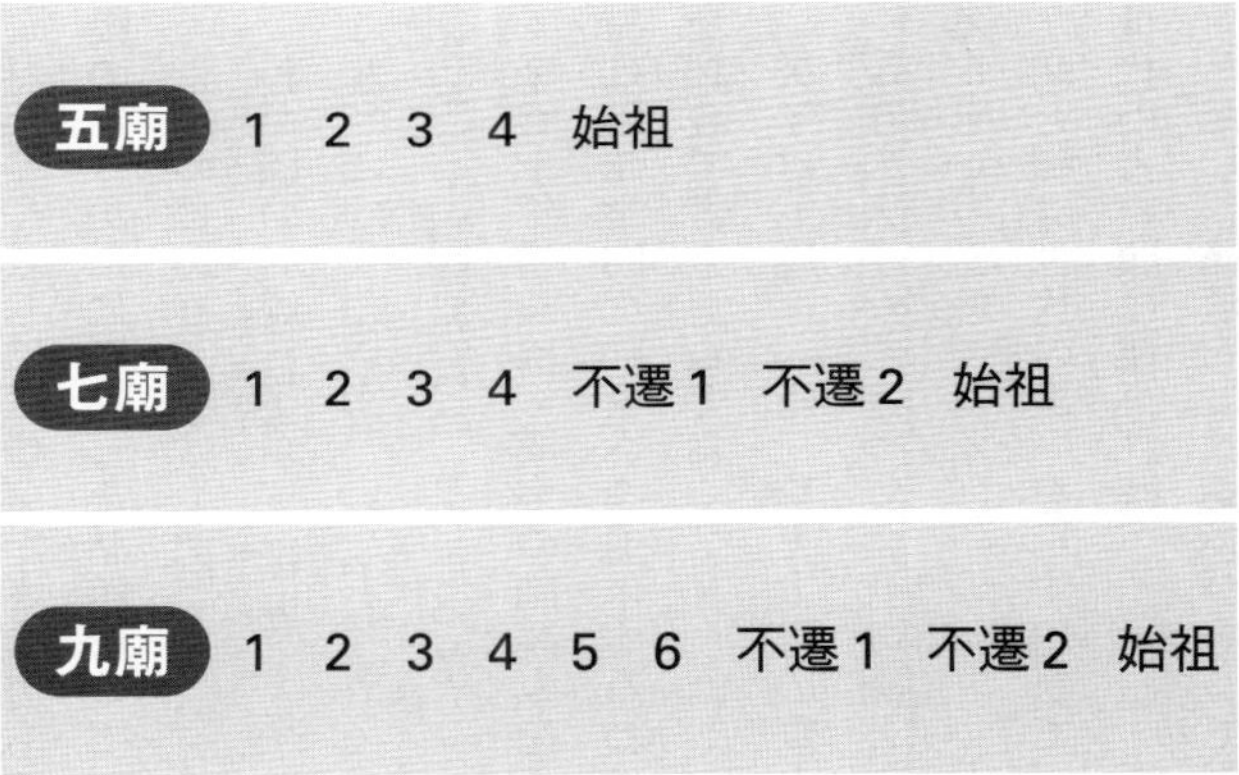

五廟	1	2	3	4	始祖				
七廟	1	2	3	4	不遷1	不遷2	始祖		
九廟	1	2	3	4	5	6	不遷1	不遷2	始祖

1～6は当代から遡った代数。不遷をふたりとするのは周に倣ったから。

図3の1　五廟・七廟・九廟

先が増えたため、当初の七廟制を途中から九廟制に変更して、多くの祖先を同時に祀ることができるようにした（図3の1）。

このことは、経学上の学説が、当局の都合に応じて内容変更できる、言い換えれば「解釈改憲」できる便宜的なものだったことを示している。

経学論争

わけがわからなくなってきた読者のみなさん、ごめんなさい。儒教の経学とは、かくも複雑で難しい理論によって構成されているのだ。単純に『論語』を暗誦していればよいという程度のものではない。

話がややこしく、嫌気がさす方もおられようが、後述する、明治維新後に創設された皇霊殿のありかたに影響した話題なので、もう少し付き合ってもらいたい。

上述のとおり、「天子七廟」という句は『礼記』王制篇や礼器篇に見える。

わが国の『続日本紀』延暦十年（七九一年）の太政官の奏上（天皇に意見を申し上げること）には、「礼記曰、天子七廟、三昭三穆与太祖之廟而七」という引用があるが、これは『礼記』王制篇からのものだった。

延暦十年当時は、漢字の訓読みを多用するいわゆる博士家読みで読んでいたわけだが、本書は国語学的な厳密さを追求するわけではないので、明治時代になってから確立した近代的な訓読で書き下しておく。

「天子は七廟、三昭三穆と太祖の廟とにして七」。

現在の天子から遡って六代の廟と、創業者たる太祖（始祖）を祀る廟とであわせて七になる、という意味である。

昭と穆は世代の次序を示す用語で、先代を穆、先々代を昭として交互になっている。逆に世代の古い順に並べれば、一・三・五が昭、二・四・六が穆となる。

ただし、経学的には異説があって、それによると昭と穆の呼称は固定しており、時にはこの数値が入れ替わるという。

すなわち、もし現在の天子が将来は穆に配当される場合は、先代が昭、先々代が穆となり、つまりは世代順に一・三・五が穆、二・四・六が昭になるというのだ。

どちらが正解かはわからない（そもそも、周代にこんな制度が実在したかもわからないし、ここでの主題には関わらないので詳述は避ける。

要するに、当該王朝ではずっと祭祀対象となる太祖と、代替わりごとに順送りで変わり、現在の天子から七代前になると祭祀対象から外れる昭穆六代とが、天子の廟制で祀られる対象ということになる。

ただ、そうすると、一三六頁で述べた四親廟の原則と抵触してしまう。四親廟制によれば、王朝の開祖は先祖四代を祀る廟を建てることになっていた。これと三昭三穆とはどう整合性を持つのだろうか。

文献学的には、王制篇、礼器篇（「三昭三穆」）と、喪服小記篇（「四廟」）とで、内容的な相互関連など最初から存在しないとするのが正解である。

どちらも戦国時代末期から漢代初期（紀元前三～二世紀）にかけて形成された儒家礼学のなかで育まれた発想であり、なまみの孔子・孟子とは関係がない。ましてや、彼らがその衰退ぶりを嘆いた周王朝初期の礼制を正確に伝えた史料でもない。理想の廟制を机の上で考えるなかで、異なる二つの流派が思いついた廟数だったにすぎない。したがって、両者の矛盾に悩むことにはあまり意味が無い。

しかしながら、儒教の経学者たちにとってはそうはいかなかった。両者は同じ一つの制度についての二様の表現であるから、相反するものではないはずだというのが、彼らの前提だった。

近い先祖の廟四代を設けることと、昭穆あわせて六つの廟があることとが、どのようにしたら共存できるのだろうか。

ここで彼らが思いついたのは、六と四の数の差である二つの廟は、他の四廟とはちがう性格だとする説明だった。その際に援用されたのが、同じく『礼記』に収録されている別の篇、祭法篇の記述である。

王立七廟、一壇一墠、曰考廟、曰王考廟、曰皇考廟、曰顕考廟、曰祖考廟、皆月祭之。遠廟為祧、有二祧、享嘗乃止。去祧為壇、去壇為墠。壇墠、有禱焉祭之、無禱乃止。去墠曰鬼。

（訳）

王は七つの廟と一つの壇と一つの墠を建てる。（廟の名称は世代の近い順に）考廟といい、王考廟といい、皇考廟といい、顕考廟といい、祖考廟という。以上はどれも毎月祀る。世代が遠い廟は祧といい、二つの祧がある。これらには享・嘗では祀らない。祧を去ったら壇になり、壇を去ったら墠になる。壇と墠にはなにか特別に祈禱事があるときだけ祀り、祈禱事がなければ祀らない。墠を去ったら鬼という。

考廟の「考」は父を指し、以下、王考は祖父、皇考は曽祖父、顕考は高祖父のことで、これらが四親廟だと解釈された。祖考廟は（祭法篇でそう言っているわけではないのだが）太祖を祀る廟で、世代を経ても変わらない。これらに加えて祧廟が二つ、さらに壇・墠があるという。

現在の皇帝から近い順に、四親廟・二祧・壇・墠となって、墠より遠い世代、すなわち九代前になると「鬼」として扱われる。鬼とはここでは祖霊一般、和語の「ご先祖さま」とでもいう意味である。

このなかの二祧がミソで、四親廟にこの二つを加えると「三昭三穆」と数が合うことになる。

筆写過程の間違い

なお、経学研究上の些末な話になるが、『荀子』礼論篇には、天子は十世（十代の先祖）につかえるという意味の記述（有天下者事十世）がある。

おそらくこれを受けて漢代に編まれた「礼三本（れいさんぼん）」という文章（『大戴礼記（だたいらいき）』に収録）では、ここの十の字を七としている（有天下者事七世）。

そして今度はこれを根拠にしてのことであろう、清代の学者王先謙（おうせんけん）はその『荀子集解（しっかい）』で『荀子』の本文について、十とあるが、七とするのが正しいという。たしかに十と七は古来筆写の過程で紛れることの多い数字であった。

ただ、逆に考えれば、『荀子』礼論篇の著者は、七廟か五廟かという問題にまだ悩まされておらず、単に「十世」と言い切ったのだが、「礼三本」の編者は、漢代の礼学論争をふまえて「十」を「七」に書き換えたのだという可能性もある。彼には「七廟」が念頭にあったため、『荀子』テキストの「十」を、「七」の筆写過程での誤りと思い込んだのだ。

つまり、私のこの想定は、王先謙の逆の発想であり、儒教成立過程における教説の形成とは、案外この程度のものだったのかもしれない。

さらに脱線するが、中国古代の文献の真の著者はわからない。『老子』は、老子という人が書いたわけではないし、『荘子』は、すべてが実在の荘子のものではない。『荀子』についても、荀子本人のものではない箇所がまじっている。また、どこがそうなのかもわからない。ただ、荀子の系譜を引く学者が著したものであるとは言い切ってよいだろう。

『古文尚書』咸有一徳篇

さて、廟の数の問題に戻ろう。ただし、ふたたびややこしい史料批判の話である。

書経の古いバージョンとされる『古文尚書』の咸有一徳篇に、「七世之廟」という句が見えるのは、七廟説を補強する史料であるかの如くである。

ところが、これは四世紀になって成立した偽古文と呼ばれるテキストであり、咸有一徳篇の内容が時代設定している殷の制度でないのはもとより、『尚書』の今文と呼ばれるテキスト諸篇がそうであるように、殷の制度に仮託して実際には戦国時代に書かれたものですらない。

今文・古文というのは、漢代の経学で大きな論点になった二系統のテキストのこと。もともとあったテキストに対して、あとから発見された昔の字体のテキストを古文と呼び、これによって、前からあったテキストを今文と呼んで区別するようになった。

ここにはもう一つ経学上の鍵が潜んでいる。

それは、この『古文尚書』が、古文経学と呼ばれる流派の都合で出現した書物に属しており、ここで明確に「七世之廟」と言っているのは、五廟説に反する立場ゆえだということである。

五廟説が、周の制度たる「三昭三穆」を説明する際に用いていたのは、通常の五廟に加えて、特別な先祖である文王と武王の功績を記念して、永久に宗廟祭祀の対象としつづけたからだというものだった（一三六頁参照）。つまり、三昭三穆と太祖の廟からなる七廟制は、周王朝特有の事情による特徴だった。

ところが、もし殷でも七廟制だったとしたら、この説明は成立しないことになる。殷でもそうだったということは、七廟制こそがすべての王朝に共通する制度だという証拠になるからだ。

咸有一徳篇に「七世之廟」という文言を織り込んで偽作したのは、こういう理由からだったと想定できる。こうした文献を偽造することで、古文経学派は、今文経学派が主張する「周王朝特有の事情」という説を否定しようとしたのだ。

ただし、それはこの文献を本物（殷の史実を反映したもの）と考える立場の人たちにしか通じない。今文経学派はこれが後世の偽物だとみなしていたし、現在の文献学でもそう断定されている。文書の改竄（かいざん）は、いつしかばれるものだ。

経学とは、このように理屈をこねくりまわして入り組んだ解釈の網の目を構築し、それによってあるべき国家の制度を提言するための思想営為だった。律令継受期のわが国は、吉備真備ら遣唐使留学生たちにこの高度な思惟を修得させることを通じて、一人前の国家を築き上げようとしていたのである。

その行為は、十九世紀後半に、今度は西洋近代国家の法制や社会の複雑な仕組みを学び取ろうとした留学生たちの努力に似ている。

したがって、陵墓や祭祀をめぐって、儒教の再度の本格的受容が十九世紀になされたことは、西洋化・近代化という側面と矛盾することではなく、同質の思惟にもとづく事柄として親和性をもっていたのである。「復古」とは、単に昔に戻ることではなかった。

十陵四墓制

ここで話をさらに錯綜させることになるが、平安時代の陵墓制に四親廟の考え方が反映されていたという問題に移りたい。これが明治時代の皇霊殿の仕組みの源流になっているからである。

それは十陵四墓制と呼ばれる制度である。

清和天皇践祚（先代のあとを継ぐ行為で、儀式をともなう即位とは区別される）直後の天安二年（八五八年）十二月九日に、この十陵四墓制についての規定が下っている。

十陵とは、天智天皇の山階山陵、施基皇子（天智天皇の子で光仁天皇の父）の田原山陵、光仁天皇の後田原山陵、高野新笠（光仁天皇夫人で桓武天皇の母）の大枝山陵、桓武天皇の柏原山陵、藤原乙牟漏（桓武天皇の皇后で平城天皇・嵯峨天皇の母）の長岡山陵、崇道天皇（桓武天皇の弟の早良親王のことで、非業の死を遂げたためにその怨霊を恐れて天皇として扱われた）の八島山陵、平城天皇の楊梅山陵、仁明天皇の深草山陵、文徳天皇の田邑山陵だった（図3の2）。四墓は彼らに関係する貴族たち四人の墓である。

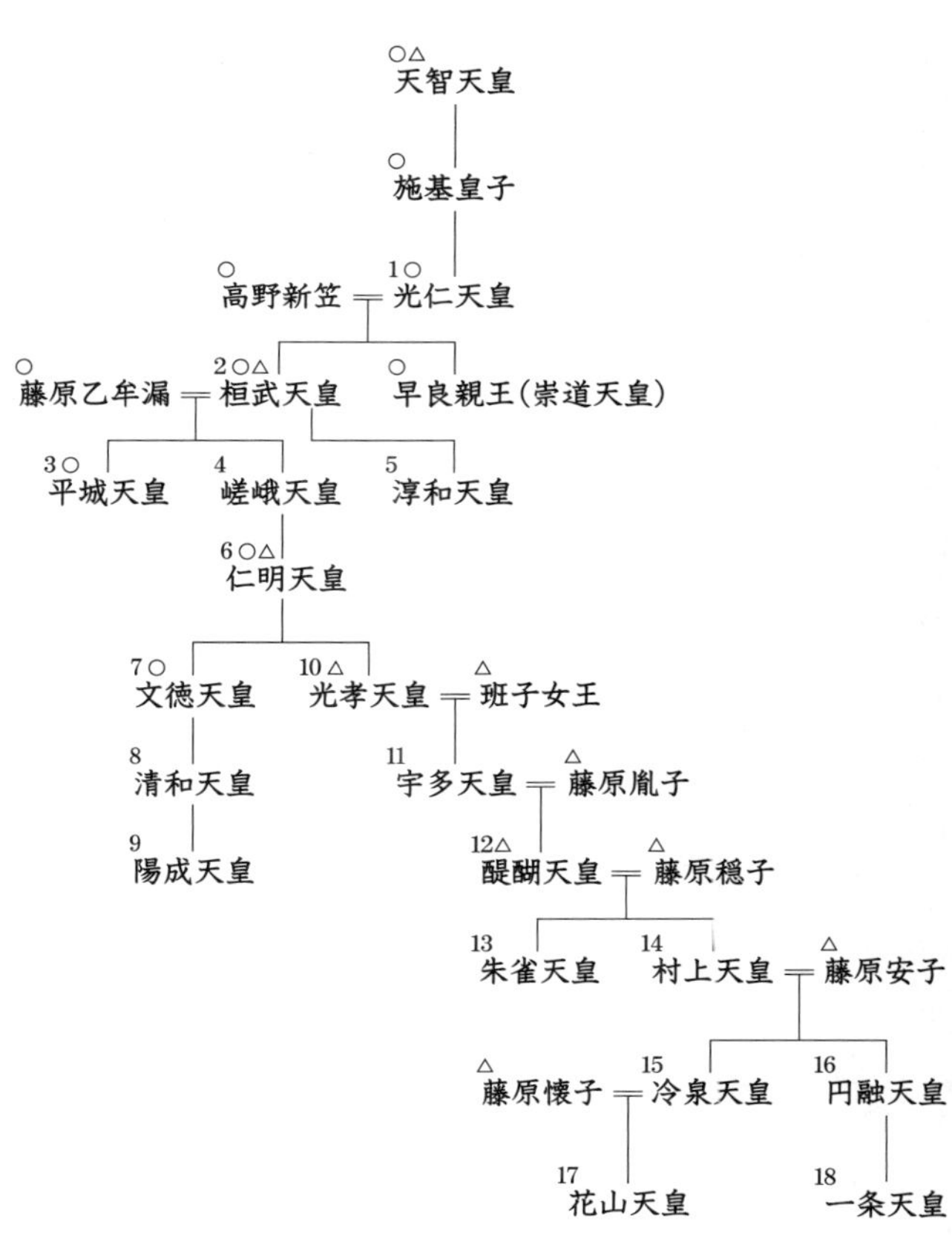

肩付き数字は光仁を1とする天皇代数
○ 清和のときの十陵
△『西宮記』所載の十陵

図3の2　平安時代の十陵

これは『類聚符宣抄』（朝廷が発した命令を集めた書物）巻四の「帝皇部荷前条」に見える。

このなかに天皇・皇后の称号を贈られていない施基皇子が入っているのは、天智天皇と光仁天皇とをつなぐためであろう（藤木邦彦「平安時代における近陵・近墓の被葬者について」、『国士舘大学文学部人文学会紀要』八号、一九七六年）。

その後、清和天皇は山陵を造営させなかったし、その次の陽成天皇は譲位して（実質的には廃位されて）存命だったので、この二代についての代替わり（清和から陽成、陽成から光孝）に際しては、新たに天皇陵を加える必要はなかった。

光孝天皇（仁明天皇の子）は、元慶八年（八八四年）十二月二十日に十陵から施基皇子を除いた（『三代実録』当該条）。

これで男性の陵は天皇のもののみとなった。（このうち早良親王は実際には即位していないが、崇道天皇という天皇号をもらっている。）天智・光仁・桓武・崇道・平城・仁明・文徳の七人である（以上、藤木論文による）。

さらに光孝天皇の子の宇多天皇は、仁和三年（八八七年）に光孝天皇を加えるために、代数が疎遠になった平城天皇を除いたらしい（所功氏による推定）。

この措置は、先述した儒教経学における、代替わりに際しての宗廟の祭祀対象変更のやりかた（一三八頁参照）と似ている。

次の醍醐天皇のときには、これに倣えば父の宇多天皇を加えるはずだったが、宇多天皇の意志で陵が作られなかった（九〇頁参照）ので、変更はなかった。朱雀天皇のときになって、文徳天皇を除き、醍醐天皇が陵に加わった。朱雀・村上は国忌・山陵の対象としないことを遺言したため、以後は醍醐までの七帝陵（天智・光仁・桓武・崇道・仁明・光孝・醍醐）で固定された。この七人の天皇陵を近陵と呼びならわしている。

つまり、近陵とは、もともと直近数代の陵を意味していたのだけれども、この時点で固定化されることで、以後は別段近親者ではないにもかかわらず、近陵というようになったのだ。

『西宮記』現行本の記述

ところが、十世紀後半に、醍醐天皇の子で、臣籍降下して源姓を名乗った源高明が著したはずの『西宮記』現行本（巻十二裏書）所載の十陵は、天皇が五名、母后が五名だという。

天皇は天智・桓武・深草（仁明）・小松（光孝）・醍醐で、これはすでに固定化した近陵七陵から、光仁と崇道（早良親王）の二名が省かれている。

また母后の方は、宇多の母（東院后、光孝女御の班子女王）・醍醐の母（宇多女御の藤原胤子）・朱雀と村上の母（五条后、藤原穏子）・冷泉と円融の母（原史料には「院母」とだけあるが、源高明の頃の「院」とは冷泉・円融両上皇だから、彼らを生んだ藤原安子だろう）・花山の母（冷泉女御の藤原懐子）である。

母后の方は、同書の撰者とされてきた源高明（実際にはそうではないというのが、現在の通説）が活躍した、一条天皇の治世時から遡っての七代天皇の生母（同母兄弟を含むので人数は五名）に整理されている。

『西宮記』現行本のこの記述は、所・藤木両氏らが指摘しているように、他史料の諸記述と矛盾しており、十世紀後半の実態を記録したものではない。

ただ、史実ではないとしても、あるいは史実ではないとすればなおさら、『西宮記』現行本が五帝五后による十陵という架空の近陵制を設定した根拠が、思想史的な検討対象として浮上してくる。

中国の宗廟制度を意識

長らくお待たせしました。以上の経緯をふまえて、その思想資源として儒教の廟制が注目されることになるのだ。

藤木の前掲論文には次のように言う。

わが国の近陵制の模範となった中国の「天子七廟」は、母后の廟は含まず帝王の廟ばかりであったが、わが国の近陵ではこれを加えている事実は、古来母系を重視し、母親中心の家族形態がまだ一般に支配的であった当時の事情を反映するものであった。（……）ただ光孝天皇の元慶八年以来、母后陵の数を三とし、天皇陵の数を七とするかたちが始まるのは、かえってこのころになって中国の天子七廟の数にこだわるようになったのかもしれない。（五二頁）

引用文中、「光孝天皇の元慶八年」とあるのは、施基皇子を除いたことをさす（一五〇頁参照）。つまり、施基皇子を省いたのは、単に男性の陵を天皇号保持者に限定したというだけでなく、七人にしぼったという点で注目される措置だったのだ。

藤木氏が明確に指摘するように、近陵制は、たとえ清和天皇が設定した当初はそう意図していなかったにしても、やがて中国の宗廟制度を意識して祭祀対象の数を決めるようになっていく。

光孝天皇のときに「中国の天子七廟の数」にもとづいて近陵の数が整理されたとすれば、以後の近陵制は、先述した古文経学の理論に依拠していたことを想定させる。

また、これにともなって、代数はどんどん疎遠になるにもかかわらず、天智天皇がずっと祀られつづけることで、彼を別格の存在として、つまり、中国の経学における太祖として位置づけることにもなる。

これは『日本書紀』において、彼が大化の改新を実質的に主導した人物として描かれていること、そのクーデター（乙巳の変）が藤原氏の祖たる中臣鎌足との共謀だったこと等により、奈良時代を通じて主流だった天武天皇系との訣別を意味することでもあった。

というのも、孝謙天皇（第一章参照。二度即位しており、同一人物なのだが二度目は称徳天皇と呼ばれる）を最後に、天武天皇の男系子孫が天皇になることはなくなった。

かわって、天智天皇の孫の光仁天皇が即位して新しい皇統が始まる。光孝天皇は光仁天皇の四代孫（光仁・桓武・嵯峨・仁明・光孝の系譜）であり、この時点で天智天皇が末長く祀るべき祖先だと認識されるにいたったのだ。

第二章で述べたように、当時、神武天皇陵などというものは存在していない。当然、神武天皇を近陵の対象と認定することもない。つまり、日本王朝の太祖として陵のなかで最も古い祖先は、天智天皇だった。

ちなみに、先述の『西宮記（さいぐうき）』現行本の五帝五后制でも、天智天皇を永久に祭祀対象とする。これは、「天子七廟」の説にもとづく十世紀の実際の制度と共通する意見だ。

ということは、こちらは天智天皇に儒教経学の四親廟に相当する四人を加えて、五人の天皇にしているということなのかもしれない。

すなわち、醍醐天皇から父方を直系で遡っていけば、醍醐・宇多・光孝・仁明・嵯峨・桓武となるのだが、このうち嵯峨・宇多両名は仏式で埋葬されていて陵がないからである。つまり、古文経学が採用する七廟説に対抗して、こちらは今文経学系の五廟説に立っていると解釈できる。

慶応三年（一八六七年）の王政復古の大号令における「神武創業」がいかに新しい考え方

だったかは、この点からも窺えよう。

平安時代には天智天皇こそが日本国の礎を築いた天皇であり、儒教経学でいえば太祖に相当していたのだ。橿原の神武天皇陵を復興し、そこで祭祀を行おうという発想は、平安時代にはまったく見られない。

陰陽思想と廟陵

わが国では宗廟（先述したように、祖先に対する祭祀を行う施設のこと）を設けなかったので、その代替措置として近陵制が使われた。しかし、廟と陵は中国ではまったく別の施設だった。これは中国における身体観に根ざしている。

陰陽（いんよう）思想は中国に発して東アジア全域に広まり、日本でも陰陽道（おんみょうどう）に思想資源を提供している。他の動植物同様、人間も陰（女）と陽（男）が交わることによって生まれる。個体のなかにも陰陽の対構造があり、たとえば精（父に由来）は陽で血（母に由来）は陰だ。生命活動を担っているたましいは陰陽の複合体だが、死後はこの両者が分離する。それが魂（こん）（陽）と魄（はく）（陰）だとされた（七七頁参照）。

魄は遺体とともにあるので、遺体が埋葬された墓にとどまる。理論的には、墓参とは遺体そのものを拝むのではなく、この魄を祀る儀礼だった。

一方、魂の方は遺体を離れて天空に飛び去っていく。子孫が祈ると魂が地上に下ってくるので、これをかたしろ（尸）に寄り付かせ、墓で魄に対してするのと同様に供物を捧げて祀る。そのための施設が廟だった。

ところが、日本では、思想的に陰陽・魂魄の区別が導入されたにもかかわらず、祖先祭祀としての廟と墓の区別がなされなかった。

後世、仏教の移入によってはじめて両者の区別が明確になる。すなわち、死者の位牌を寺院に置いてその冥福を祈る風習が定着し、遺体（もしくは荼毘に付して火葬した遺骨）を埋葬した菩提寺とは、まったく別の場所でも供養の儀式を行うようになる。

前者は位牌をかたしろとする魂を、後者は墓所における魄をそれぞれ祀っているとも解釈可能である。

日本で、家のなかに仏壇を設けて祖先の位牌を置く風習は、江戸時代に始まるとされている。すなわち、寺請制度のもと、仏教信者であって切支丹ではないことを証明するために仏像を家庭内に安置し、その仏壇に位牌を置いて、常に灯明をあげ供物を捧げるようになった。

祖先各人の命日には僧侶を招いて仏壇前で読経してもらい、その霊を慰撫する。

今でもつづくこの宗教儀礼は、釈迦自身の説教には無く、東アジア仏教が布教上の理由で儒教から取り入れたものにすぎない（加地伸行『儒教とは何か』、中央公論社、一九九〇年）。

そもそも、位牌自体、中国に仏教が伝わってから、儒教でかたしろに使う木製の板（神主（しんしゅ））を模して発明されたものだった。

明治時代、天皇の祖先祭祀に神仏分離を適用するにあたって、儒教による廟と墓の区別が意識され、かくして皇霊殿の発明となる。もちろん、教義上は神道であるという名目によって。

勅祭社

中国の儒教経学における廟数の話、平安時代の近陵の話。この二つは皇霊殿という存在を理解するために必要な事柄だった。これでやっと皇霊殿の説明をする段階に進めるのだが、その前にあと二つだけ、あらかじめ解説しておくべきことがある。

勅祭社（ちょくさいしゃ）と彼岸（ひがん）だ。

いいかげんしびれをきらしておられるかもしれないが、もう少し辛抱してください。

勅祭社とは、勅使を派遣して祭祀を執行させる神社のことで、平安時代の院政期直前、白河天皇在位中の永保元年（一〇八一年）に、京都近辺の二十二社を選択して制度化された。その後、朝廷の衰微により長らく中断していたが、明治維新のあとで復活した。ただし、対象となる神社はまったく異なり、全国各地を代表する十六社が選ばれている。

すなわち、上賀茂神社・下鴨神社・石清水八幡宮・平安神宮（以上京都府）、春日大社・橿原神宮（以上奈良県）、近江神宮（滋賀県）、宇佐神宮（大分県）、香椎宮（福岡県）、熱田神宮（愛知県）、出雲大社（島根県）、明治神宮・靖国神社（以上東京都）、氷川神社（埼玉県）、鹿島神宮（茨城県）、香取神宮（千葉県）である。

このうち平安神宮・橿原神宮・近江神宮・明治神宮・靖国神社の五社は明治維新後の近代になってからの創建であり、靖国神社を除く四社は、みな天皇を祭神とする。

靖国神社は官軍戦死者を集団で英霊として祀るという、明治維新以後に創建された神社のなかでもひときわ特異な性格をもっている（拙著『靖国史観』参照）。

橿原神宮の創建事情は第二章で述べたので、ここでは他の三社について簡単に紹介しておく。

【近江神宮】

滋賀県大津市にあり、祭神は大津宮に都を置いた天智天皇。昭和十五年（一九四〇年）に建国二千六百年にあわせて創建された。

上述したように、平安時代の近陵制では、天智天皇は王朝創業者としての位置づけがなされており、歴代天皇の即位式で読まれる宣命では天智天皇と彼が主導した大化改新に言及するのが通例だった。

【平安神宮】

京都府京都市にあり、祭神は桓武天皇と孝明天皇。明治二十八年（一八九五年）に平安遷都千百周年を記念して創建（平安遷都は七九四年だが）。桓武天皇が祭神だったが、昭和十五年（一九四〇年）に幕末の孝明天皇の神霊を合祀。

【明治神宮】

東京都渋谷区にあり、祭神は明治天皇と昭憲皇太后。天皇崩御後すぐに神宮創建が議せられ、大正九年（一九二〇年）に創建。橿原神宮などと同じく自然状態を模して人工林を大規模に造営した。社域に隣接する一帯は神宮外苑と呼ばれ、皇居とともに今も東京都心の貴重な緑地帯をなしている。

以上、神武（橿原神宮）・天智（近江神宮）・桓武（平安神宮）・明治（明治神宮）という選択は、日本国の歴史上、その転換点で大きな功績をあげた天皇たちである。

また、これら勅祭社の他に、天皇を祀る神社（神宮と呼ばれるのがふつう）として、明治維新以後に創建されたものに、白峯神宮（崇徳天皇・淳仁天皇）・吉野神宮（後醍醐天皇）がある。赤間神宮（安徳天皇）・水無瀬神宮（後鳥羽天皇、のちに土御門天皇・順徳天皇を合祀）のように、その菩提を弔う仏教施設として従来から存在していたのを、神社に改変したものもある。

そして、ここにあげた四つの神宮に祀られる計七人の天皇は、いずれも政治的敗者として異郷の地で崩じた方々であった。安徳天皇にいたっては、祖母二位尼に抱かれての無理心中によりご遺体が海中に没したという、空前絶後の最期であった。

彼ら七人は、明治以降の史観によって、武家政権の傲り高ぶりと不忠不義を告発すべく、これらの神宮で悲運・悲劇の君主として斎き祀られることとなったのである（図3の3）。

白峯神宮（坂本照／アフロ）

吉野神宮（高橋良典／アフロ）

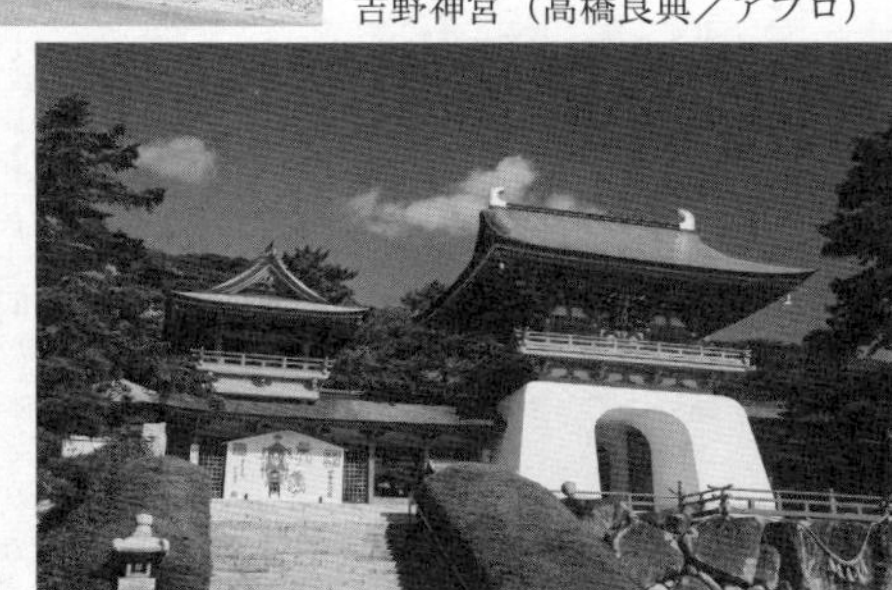

赤間神宮（小川秀一／アフロ）

水無瀬神宮（坂本照／アフロ）

図3の3　悲劇の天皇を祀る四つの神宮

彼岸の起源

春と秋、年に二度の彼岸は、祖先の墓参りを行う期間とみなされている。日本人の多くが形式上は今でも仏教徒であり、墓も仏教教義（もちろん中国で変容した東アジア仏教の、その日本バージョン）で作られ、そこでの拝礼も仏式に合掌するから、ふつうは仏教に由来する行事と思われていることだろう。

ところが、この習俗は日本独自のもので、中国や韓国には無い。

中国人、厳密にいえば漢民族が墓参するのは、二十四節気の一つ清明節の日で、グレゴリオ暦では四月五日前後になる。この習俗は唐代の八世紀頃に始まったとされる。

韓国では旧暦の八月十五日、すなわち中秋の名月の日をチュソク（秋夕）と呼び、この日に一族が集まって儒式の祖先祭祀と墓参を行う。

中国の清明墓参は春の行楽、韓国のチュソク墓参は秋の遠足で、その意味では日本の彼岸と共通する。年に二回も行う日本人は、最も祖先への孝心が深いとも、それにかこつけた行楽好きだともいえる。

「彼岸」の語は『源氏物語』にも見える（行幸巻や蜻蛉巻）が、江戸時代までは春分・秋分のあとの数日間を指していた。現在のように春分・秋分を中日とする七日間になったのは、天保十五年（一八四四年）からといわれている（内田正男『暦と日本人』、雄山閣出版、一九七五年）。

彼岸墓参は、天皇が執行した祭祀に起源を求めることができる。

『日本後紀』巻十三、延暦二十五年（八〇六年）三月辛巳条に「崇道天皇を奉為し、諸国の国分寺の僧をして春秋二仲月別七日に金剛般若経を読ましむ」（崇道天皇こと早良親王の霊をたてまつり、全国各地の国分寺の僧に、春と秋のそれぞれの中の月〈二月と八月〉の七日に金剛般若経を読ませることにした）とある。

この月の十七日には桓武天皇が崩御し、即日平城天皇が践祚した。彼は即位儀礼を五月十八日に行っており、践祚と即位を二段階に分ける先例となった。

また、翌年正月からの踰年改元（二四〇頁参照）でなく、即位当日に大同と改元したことは、そのことを記す『日本後紀』によって不適切だと非難されている。

この金剛般若経読誦命令は、崇道天皇の霊を慰撫するのが主目的だった。

のちに「崇道天皇」と天皇号を贈られた早良親王は、桓武天皇の同母弟で、当初は桓武天皇の子の平城天皇につなぐための中継ぎ天皇となるように、桓武天皇の皇太子になっていた。しかし、延暦四年（七八五年）の藤原種継暗殺事件への関与が疑われて廃位され、淡路配流の途次、絶食して憤死した。

この後頻発する天変地異や桓武天皇の縁者たちの病死・発病が、彼の祟りによるものとみなされたため、その霊を慰撫する目的で、桓武天皇在世中の延暦十九年（八〇〇年）に、崇道天皇という称号が贈られている。十陵四墓制でも祭祀対象になっていたことは、すでに述べた（一四八頁参照）。

先の春秋二仲月における金剛般若経読誦命令は、桓武天皇最晩年にその快癒祈願として出されたのである。ところが、命令を出した甲斐無く、桓武天皇はまもなく崩御してしまった。

この命令が彼岸会の始まりとされている。

やがて浄土思想が普及すると、日輪が真西に沈む春分・秋分が、西方極楽浄土に往生するための作善（仏縁を結ぶための善事を行うこと）の日とされた。さらには極楽にいるはずの祖先を供養する日となり、浄土系以外の諸宗派にも広まって今日に至っている。

これに対して、そもそも日本固有の伝統習俗が、崇道天皇の怨霊慰撫行事などを通じて仏教化されたとの見方もある（堅田修「平安貴族の仏事について」、『大谷学報』四三巻三号、一九六三年）。

ところが、「春秋二仲月」すなわち旧暦の二月（仲春）と八月（仲秋）に祖先を祀る慣習は、仏典にではなく、儒教経典にその典拠を求めることができる。『礼記』中庸篇（のちに朱子学において独立して四書の一つ『中庸』として扱われることになる文献）に、孔子が周の創業者たる武王・周公兄弟を称えた文言として、「春秋にその祖廟を修め、その宗器を陳ね、その裳衣を設け、その時食を薦む」とある。

年に二度、春と秋に祖先を祀る廟をととのえ、祭器を並べ、祭服を着て、供物をそなえたという意味である。

ただし、『礼記』王制篇では、「天子諸侯の宗廟の祭は、春に礿と曰ひ、夏に禘と曰ひ、秋に嘗と曰ひ、冬に烝と曰ふ」とあり、また『周礼』春官宗伯には、「祠を以て春に先王を享し、礿を以て夏に先王を享し、嘗を以て秋に先王を享し、烝を以て冬に先王を享す」とあって、春夏秋冬の四季それぞれに祖先を祀ることが規定されている。

ちなみに、『礼記』と『周礼』では、祭祀の名称が春と夏について異なっている。

このことについて経学の通説では、「王制」の記述は周の前の王朝だった殷のものであり、これを、『周礼』を定めた周公が新しい周王朝のために改称したのであって、相互に矛盾はないとする。

さらに、なぜ殷で春の祭祀名だった礿が周では夏に移され、禘という名が周では定期の祖先祭祀ではなく、王にだけ許される特別な祭祀名称になったかという理由を、やはりもっともらしく説明しているのだが、煩瑣（はんさ）になるのでここでは述べない。（つまり、私としては経学の面倒な議論を、これでもずいぶん簡略化してみなさんに提供しているつもりなのだ！）

文献実証学的には、『礼記』と『周礼』とでは作者が異なり、いずれにせよ史実ではなく、儒家が考案した机上の空論を展開しているから相互矛盾するのだと解するのが穏当である。

以後、儒教では、四季の仲月に祖先祭祀を行うことを定式化した。

儒式の国家祭祀一覧は、歴代中華王朝によって成文化・法典化された。なかでも唐の玄宗が編纂を命じた礼典は、当時の年号をもって『大唐開元礼』と呼ばれ、律令の血肉化のために礼の受容を進めていた日本にも伝わった。

ただ、日本では中国と違って宗廟が造営されなかったため、四季の祖先祭祀は定着せず、やがて仏教の祖先供養に取って代わられる。

延暦二十五年の桓武天皇最晩年の命令は、こうした背景をもっていた。春と秋の年二回、祖先の霊を供養する行為が、こうして始まる。

春と秋の彼岸の中日が現在国民の祝日となっているのは、どのような事情からなのだろうか。

現在、「春分の日」・「秋分の日」と呼ばれているこの二つの祝日は、昭和二十三年(一九四八年)までは「春季皇霊祭」・「秋季皇霊祭」という呼称の祭日だった。

みなさま、大変お待たせしました。ようやく皇霊殿創設の話である。

皇霊殿の創設

平田久が編纂した『宮中儀式略』(民友社、一九〇四年)の春季皇霊祭の章では、「(四)皇霊祭の由来」として、以下のように述べている(一〇九~一一〇頁)。

謹案するに春分秋分の二季を以て　皇霊殿並に　神殿に御祭典を行はせらるゝ事となりしは明治四年二月廿八日即春分の日を以て神祇官に於て　八神　天神地祇並歴朝の　皇霊を祭り邦家の安寧を祈らせ給ひしを以て始めとす。其後　皇霊は　賢所の御傍に御遷座ありしを以て翌明治五年の春季祭より　皇霊殿は此祭に与かり給はぬ事となり、八神天神地祇も宮中へ御遷座あり両座を合せて単に　神殿と称し奉るに及びて春秋二季祭は唯　神殿にのみ行はせらるゝ事となりぬ。然るに明治十一年六月五日に至り維新以来行はれ来りし　綏靖（すいぜい）天皇より　後桜町院（ごさくらまちいん）天皇までの御歴代の御式年祭並に御正辰祭ともに廃せられ更に春秋二季祭を行はるゝ事となり、同年九月の秋季皇霊祭より最厳重に御親祭を行はせ給ひ翌明治十二年の春季祭も前年秋季祭の如く　御親祭を行はせ給ひしかど、神殿祭は猶従前の例によりて　御親祭にはあらざりしが、同年の秋季祭よりは更に皇霊殿　神殿ともに　御親祭に定められ殊に御盛典となさせ給ひ其後年々改め給はず。但し二季祭は専ら　皇霊殿　神殿の御祭なるを以て　賢所には別に御祭典を行はれず。

（大意）

春分と秋分とに皇霊殿と神殿とで祭祀をするのは、明治四年（一八七一年）の春分の日に、神々・皇霊を祀って国家安寧を祈ったことに始まる。その後、祭場の変更があったために、この祭祀は神殿でだけ実施された。明治十一年（一八七八年）になって、綏靖天皇から後桜町天皇までの歴代については、個々の祭祀を廃止したため、春と秋の祭祀の対象とすることになり、その年九月の秋季皇霊祭から、天皇みずからお祀りになった。

翌年からは神殿での祭祀（天神地祇が対象）も天皇みずからお祀りするようになった。宮中三殿のうち、賢所では祭典を行わなかった。

引用文中、「皇霊殿」・「神殿」・「八神」・「後桜町院天皇」等の前が一文字分あいているのは、天皇関係の語に対して敬意を表現する慣行で、空格と呼ばれる。これも中国で皇帝関係の用語に行われていたのを受容したのである。

なお、引用文中の神殿とは、皇霊殿・賢所（かしこどころ）とならんで、宮中三殿と呼ばれる皇居内に設けられた建物の名称で、ここにもあるとおり、明治初期の変遷を経て天神地祇を祀る施設であり、普通名詞としての意味ではない。

八神は、『延喜式』に規定された祭祀対象としての八柱の神々（一七二頁参照）であり、その点では平安時代以来の由緒をもつ。

また、後桜町院天皇と、「院」字が付いているのは、仏式の院号呼称から神道式（じつは儒教式）の諡（おくりな）の表記に変更される過渡期の現象で、江戸時代までは単に「後桜町院」と呼ばれ、下に「天皇」は付かなかった。現在は後桜町天皇が正式の呼び方である。

宮中三殿での儀礼は、現憲法体制下では、天皇の国事行為もしくはそれに准ずる公務とはみなされず、天皇家の私的な宗教行為とされている。

所管部署も正規の官庁たる宮内庁ではなく、掌典職という特別な部署を設け、天皇の私的使用人という位置づけで担当している。

賢所は八咫鏡（やたのかがみ）（神鏡）を神体として皇祖天照大神を、皇霊殿は初代神武以来の歴代天皇と近代の皇族を、神殿は天神地祇（てんしんちぎ）すなわち天神（あまつかみ）・国神（くにつかみ）を祀る。

この天神・国神というのは、『古事記』の表記である。天神・地祇は『周礼』に見える儒教用語。

日本古来の「あまつかみ・くにつかみ」を、これとは起源を異にする儒教の「天神・地祇」と表記した『日本書紀』の編者（もしくはこれに先行する文献の著者）は、実に巧妙な理論化を施したといえよう。

つまり、神殿の祭神には、『古事記』の「天神・国神」ではなく、中国由来の「天神地祇」を用いている。天神・地祇は、もともと儒教で人鬼（死者の功績を称えて神として祀る対象）以外の自然界の神々を指す総称として使われた用語だ。実態としては日本特有の神々であるにしても、その扱いには儒教風の変貌を窺わせる。

「神殿」という呼称は、明治五年（一八七二）からで、それまでは八神殿と呼ばれ、神産日(かんむすびの)神(かみ)・高御産日神(たかみむすびのかみ)ら八柱の神だけを祀っていた。天照大神とは血縁関係にない、しかし皇室にとって枢要な神々である。

明治五年（一八七二年）の改制と改称で、天神・国神たちも八神と同じくこの「神殿」に祀られ、現在に至っている。

八神は天神として数えられ、ここにまるごと吸収された。天神は記紀で高天原に住まう神々もしくはその関係者、すなわち天皇家ゆかりの神々のことだから、その意味では八神をこの分類に入れてもかまわないかもしれない。

ただし、同時に『延喜式』における八神の性格付け（記紀冒頭に登場する特別な神）を改めたことになる。

「天神」はもともと儒教用語で、儒教で神は天神・地祇・人鬼の三種（そして、この三種のみ）だから、その点でこれも儒教的な改変だった。

ちなみに国神とは、地上に住まう土着の神々で、天孫降臨や神武東征によって、天皇家に帰服するようになった神々である。

春季皇霊祭・秋季皇霊祭の誕生

そして、問題の皇霊殿である。

律令制の時代に淵源する賢所や神殿（八神殿）と違い、歴代天皇の神霊を一箇所で並べて奉安する施設は、明治維新まで存在しなかった。この施設は儒教の宗廟に相当する。

日本の律令制では宮中に宗廟が設けられなかった。その代替施設として、伊勢神宮や石清水八幡宮が雅語表現として「宗廟」と呼ばれていた。前者は天照大神、後者は応神天皇、どちらも天皇の祖先を祭神にしているからである。

武家政権の棟梁たる三将軍家（鎌倉・室町・江戸の三つの幕府の長）が、いずれも八幡神を氏神とする源氏だったことも作用していよう。

一方、仏式で天皇の霊を祀る場所として、宮中には黒戸と呼ばれる施設があった。清涼殿の北、滝口の西に設けられた仏間のことで、護摩の煤で黒ずんでいたためこの俗称があるといわれている。

『平治物語』の記述によれば、かの平治の乱（一一五九年）で、藤原信頼・源義朝が後白河上皇・二条天皇を幽閉したのがこの場所だった。奥まった場所で監視・監禁しやすかったのであろう。

宗廟と別に、皇帝の祖先たちを祀る施設は、中国にもあった。宋では景霊宮、明では奉先殿と呼ばれるのがそれで、儒教教義にはない偶像・遺物崇拝を行う施設として設けられていた。

井上智勝は琉球国の例に倣って「内廟」と呼んでいる（井上「東アジアの宗廟」、原田正俊編『宗教と儀礼の東アジア――交錯する儒教・仏教・道教』、勉誠出版、二〇一七年）。黒戸はこれに相当すると、井上は述べる。

明治維新の神仏分離政策により、天皇家は仏教ではなく神道によって祖先祭祀を行う必要が生じた。そこで福羽美静ら神祇官が考案したのが、皇霊殿なのである。

命日を記念して祀るという行為は、儒教経典に記載がなく、仏式として成立した祭礼である。日本では平安時代以降、勅願寺院（皇室が祈願する寺）では、この日をもって歴代天皇の菩提を弔う法会が営まれてきた。

明治政府はこの慣行を引き継ぐべく、歴代天皇の命日（御正辰）および式年（崩御から何周年という記念の年）に祭祀を行うことを始める。明治六年（一八七三年）のグレゴリオ暦採用にともない、命日はすべて太陽暦に置き換えられた。ただし、その煩雑さは、明治天皇が現在の皇統譜で第百二十二代であるとされていることから容易に察しがつこう。

そうして、前掲『宮中儀式略』にあるように、明治十一年（一八七八年）には綏靖（すいぜい）天皇から後桜町（ごさくらまち）天皇までについては、毎年個別に祀ることをやめ、まとめて皇霊祭として春秋二季に祀ることとしたのだった。

仏式祭祀たる春と秋の彼岸会はここに消滅し、かわって神道教義に新しく導入された儒教祭祀の考え方をもって、春季皇霊祭・秋季皇霊祭が誕生したのであった。

儒式借用による仏式からの離脱

皇霊殿の設置は、同時に祭式の変質をともなっていた。

仏式の法会を主宰するのは、聖職者たる僧侶である。明治初期においては、それに代わるものとして、神祇官の担当者が神式で執り行うことになった。所管部署は神祇官だったのである。しかし、春秋二季の皇霊祭を主宰するのは天皇自身であり、彼が自分で執行する。

こうして天皇を神官の頂点とする国家神道にふさわしい祭式が創造された。その際に参照されたのは、中国などで行われてきた儒式の宗廟儀礼であった。儒教ではタテマエ上は、皇帝（韓国では王）がみずから宗廟の祖先祭祀を行うことになっていた。

皇霊殿では、当初は歴代すべての天皇を個別に祀ることにしたものの、前掲『宮中儀式略』にあったように、明治十一年（一八七八年）以降は、「綏靖天皇より後桜町院天皇までの御歴代」の天皇たちは春秋二季祭だけで祀られることになる。

なぜ「綏靖天皇より後桜町院天皇までの御歴代」なのであろうか。

綏靖天皇は神武天皇の皇子、第二代の天皇である。そして、後桜町天皇は第百十七代、第百十八代の後桃園天皇の伯母であった。つまり、明治天皇からは五代前にあたる。後桃園天皇のあと、傍系（閑院宮家）から皇統を継いだのが光格天皇であり、以下、仁孝・孝明両天皇を経て明治天皇に至る。すなわち、初代神武天皇と、明治天皇から見て直近の四代とが、皇霊殿の祭祀対象として残ったわけだ。

なお、後桜町天皇は最後の女帝として知られている。また、後桃園天皇よりものちに崩御したので、光格天皇による天皇号復活・諡号復活より前の最後の院号天皇でもある。

平安時代中期から江戸時代末期の光格天皇にいたるまで、天皇は天皇とはふつう呼ばれていなかった。現役なら「帝」、譲位後は「院」である。

また、生前の業績に応じて命名される諡（おくりな）はなく、生前ゆかりの場所（譲位後の御所の所在地など）で呼ばれていた。たとえば、「鳥羽院」（鳥羽天皇）は、譲位後に京都南部の鳥羽殿に住んでいたことに由来する。

光格天皇のときの天皇号と諡号の復活もまた、平安時代以前への復古であった。

なお、明治になって歴代すべて「天皇」を付けて呼ぶようになってからもしばらくは、上記『宮中儀式略』の引用がそうであるように「後桜町院天皇」などと「院」を付して呼ばれていた。

さて、始祖と直近の先祖四代を祭祀対象とする考え方は、まさしく中国宗廟の四親廟主義（五廟制）そのものである。そして、皇霊殿では現在もこれが受け継がれている。

明治天皇崩御での大正天皇への皇位交代にともない、後桃園天皇の命日例祭が停止された。代わって明治天皇の命日である七月三十日が例祭の日となった。

以後、昭和天皇の即位にともなって光格天皇が、今上陛下の即位にともなって仁孝天皇の例祭がそれぞれ外され、現在は孝明天皇例祭（一月三十日、九五頁参照）・明治天皇例祭（七月三十日）・大正天皇例祭（十二月二十五日）・昭和天皇祭（一月七日）、および神武天皇祭（四月三日）が、個別の天皇に対する祭祀として宮中祭祀に数えられている。（加えて香淳皇后例祭〈六月十六日〉がある。）

なお、孝明天皇が崩御したのは、先述のように慶応二年の十二月二十五日だったが、これをグレゴリオ暦に換算して翌年（一八六七年）の一月三十日に改められた。

すなわち、孝明天皇は元号でいえば慶応二年に崩御したのだが、西暦の一八六七年（慶応三年にあたる年）に崩御したことになり、皇霊殿の祭祀上もそういう扱いになっている。

元号による年次表記に従わないとは、まことに珍妙な現象といえよう。孝明天皇は慶応二年に崩御したのであり、一八六七年ではない。元号による本来の年次と日付に戻すべきだと考える。

天智天皇から神武天皇へ

「文化の日」（旧明治節、十一月三日）や「昭和の日」（四月二十九日）は、このふたりの誕生日として現在「国民の祝日」になっているが、宮中祭祀の祭日ではない。

しかし、今上陛下の誕生日十二月二十三日は、平成の御代では「天皇誕生日」として国民の祝日であるとともに、「天長祭」として宮中祭祀の日でもある。今上陛下ご譲位ののちは、現皇太子殿下の誕生日である二月二十三日に天長祭の日が移行するはずである。

なお、言うまでもないことながら、ご譲位後もご健在の間は皇霊殿祭祀の対象にはならないから、五廟制にもとづいて孝明天皇例祭が無くなることは当面ないだろう。

綏靖天皇以下の正辰・式年例祭が廃されても、神武天皇だけが残されたわけは、彼が初代天皇、すなわち「皇祖」であり、中国でいえば周の后稷（こうしょく）や漢の高祖に相当する人物とみなされたからである。

ここに、平安時代の近陵制に見られた天智天皇を特別視するやりかたは廃棄されるにいたった。まことに「神武創業」を掲げる政府にふさわしい変更である。

これら近四代天皇命日の例祭では、皇霊殿とあわせて、各人の陵所においても祭典が執行されている。

神武天皇二千六百年の式年となった平成二十九年（二〇一六年）四月には、天皇皇后両陛下が橿原の神武天皇陵を参拝なさり、親祭なさっている。そのため、同時に行われる東京での宮中儀式は、皇太子殿下夫妻が代行なさった。

当然のことながら、神武天皇二千四百年祭にあたる年（文化十三年）には、当時の光格天皇による祭祀は行われていない。まだ神武天皇陵は整備されていなかったし、そもそも神武天皇の命日に祭祀を行い、式年には大々的に祝うという慣行自体が存在していなかったからである。

日本は律令継受にあたって宗廟を設けなかった。平安時代の十陵四墓制は、しだいに四親廟の性格を帯びていくが、あくまでも陵であって廟ではなかった。そのため、明治維新での皇霊殿設置が、四親廟による本格的な祭祀規定のはじまりということになる。ここにも、明治時代における儒教の再受容を見ることができるだろう。

天皇が行う祖先祭祀は、かくも歴史の浅い「創られた伝統」なのである。

第四章　皇統

歴代天皇陵一覧

宮内庁のホームページには、歴代天皇陵についての紹介頁が設けられている（http://www.kunaicho.go.jp/ryobo/）。

初代神武天皇から第百二十四代昭和天皇まで、歴代天皇の謚号・追号がずらりと並び、個々をクリックすると当該天皇の代数、両親の名、御陵の正式名称、陵の形状と参拝所からの写真、所在地および最寄り駅からの行き方（地図で参拝所までの経路も示す）、それに御陵印の印影図版とその御陵の管轄が記されている。御陵印とは、某々天皇何々陵と篆刻された朱印のこと。現在は全国五箇所に設けられた陵墓監区事務所で、それぞれの地域に所在する御陵を管理している。

たとえば、鎌倉時代の後嵯峨天皇を例にあげると、「後嵯峨天皇　嵯峨南陵」という表題のもと、順に、第八十八代、後嵯峨天皇、土御門天皇、贈皇太后通子、嵯峨南陵、方形堂、京都府京都市右京区嵯峨天竜寺芒ノ馬場町　天竜寺内、市バス「嵐山天龍寺前」・京都バス「京福嵐山駅前」下車又は京福電車「嵐山」下車、桃山陵墓監区事務所とある（図4の1）。

この後嵯峨天皇陵のある天龍寺は、京都五山第一位の臨済宗天龍寺派大本山の名刹で、足利尊氏を開基、夢窓疎石を開山とし、第九十六代後醍醐天皇の菩提を弔う趣旨で造営された寺院である。

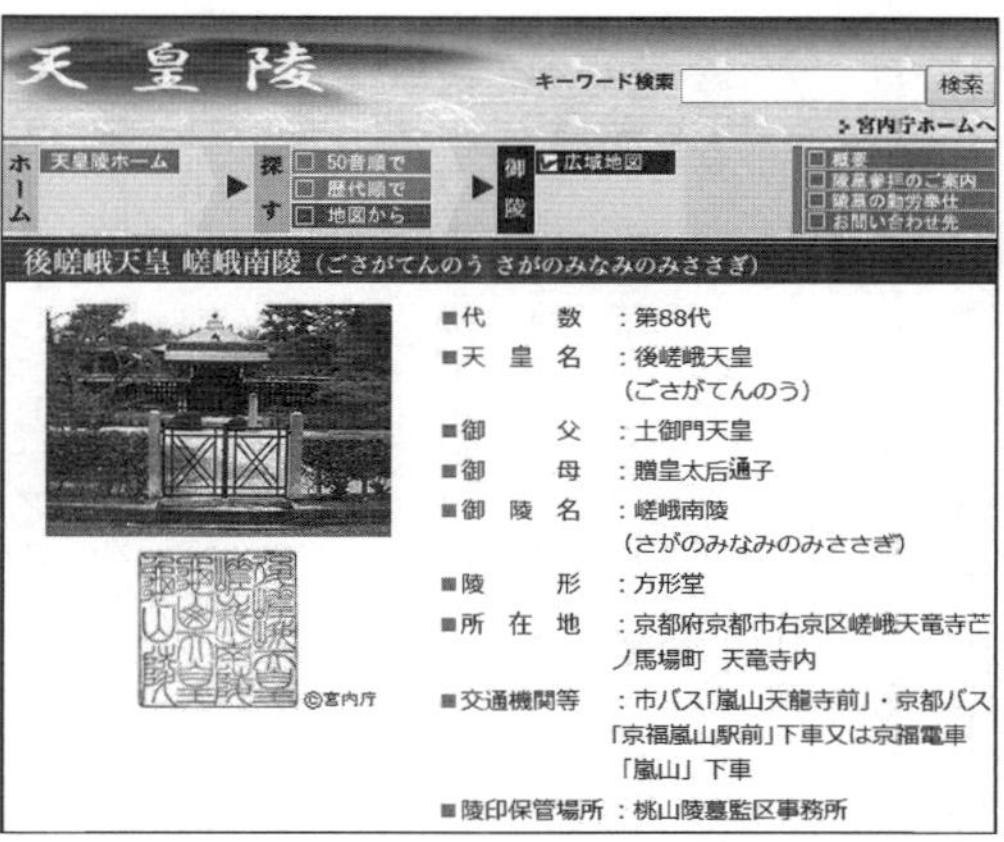

図4の1

後嵯峨天皇は、後醍醐天皇の曽祖父にあたり、第八十九代後深草天皇・第九十代亀山天皇兄弟の父であった。後嵯峨は、生前譲位ののち院政を布き、この兄弟を順次皇位に即けて崩じた。

亀山のあとを誰が受け継ぐかという問題が生じた際に、後嵯峨の皇后西園寺姞子が、「夫は生前、亀山の子孫に皇位を継がせるつもりでした」と鎌倉幕府に通知したため、亀山の子が第九十一代後宇多天皇として即位する。

後嵯峨はその追号に表れているとおり、譲位後は洛西の嵯峨に住んだ。すでに彼にさきだつこと四百年前に、嵯峨の地を愛した第五十二代嵯峨天皇がいらっしゃるので、彼は後嵯峨と呼ばれることになる。

嵯峨天皇の離宮は、彼を開基とする嵯峨山大覚寺となる。

後嵯峨と亀山は、同じ嵯峨でも南の保津川沿いの嵐山の地に御所を営んだ。ふたりの陵墓が、のちにその場所に建てられた天龍寺境内にあるのはそのためだし、そもそもここに天龍寺が造られたのは、彼らがここを根拠地としていたからである。

亀山の子、後宇多天皇は北嵯峨の方にも関心を示し、衰微していた大覚寺を再興し、ここを嵯峨御所と称して院政を行う。そのため、亀山天皇に始まる系譜を、大覚寺統と呼ぶ。

一方、後深草天皇も、黙って指をくわえて見ていたわけではない。

後宇多天皇のあと、今度は自分の子を第九十二代伏見天皇、さらに孫の第九十三代後伏見天皇を即位させることに成功する。

深草・伏見は洛南の地名で、彼らはここに譲位後の別邸を設けた。そのため、後深草天皇以下、この系譜の天皇陵は、深草・伏見に設けられている。彼らは上京の持明院を御所としたため、持明院統と呼ばれる。

なお、後深草と称するのは、第五十四代、ふつうは諡号で仁明天皇と呼ばれる第五十四代の天皇を、ゆかりの地名によって深草天皇ともいうからである。

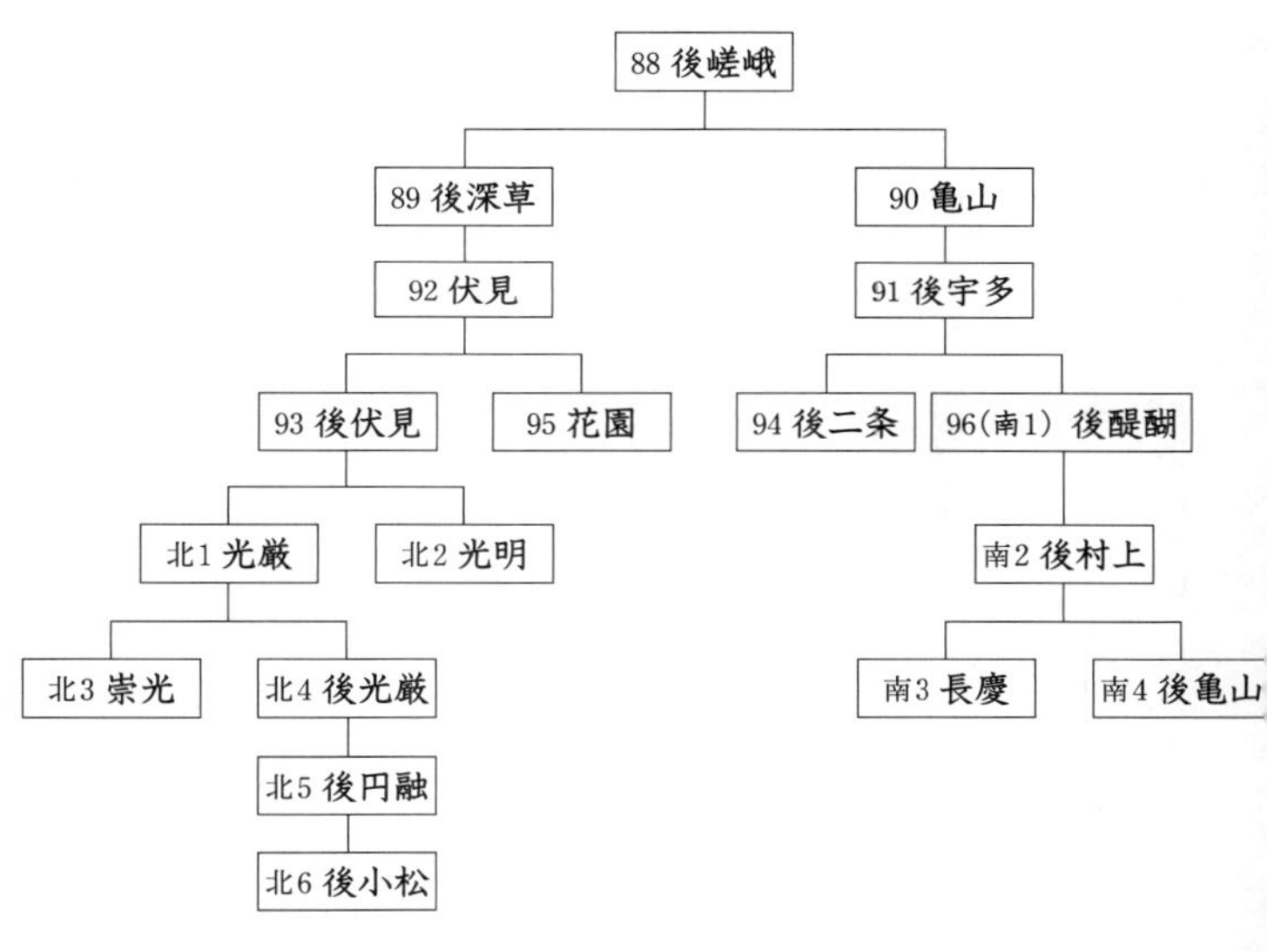

図4の2　持明院・大覚寺両統系図

後深草・亀山の同母兄弟に始まった両統の対立は、後伏見のあとの第九十四代は、後宇多の子で大覚寺統の後二条（ごにじょう）天皇、その次の第九十五代は、後伏見の弟で持明院統の花園（はなぞの）天皇、第九十六代は、ふたたび大覚寺統に戻って後二条の弟の後醍醐天皇と、順次交代するかたちとなる。

この両統迭立（りょうとうてつりつ）と呼ばれる方式は、調停にはいった鎌倉幕府が提案したもので、両統が合意した年次をもって文保（ぶんぽう）の和談（文保元年＝一三一七年の締結）と呼ばれる盟約にもとづいて、将来も続くことになっていた（図4の2）。

ところが、後醍醐は、これに従って持明院統に生前譲位することを拒み、さらには大覚寺統嫡流の兄、後二条天皇の子を将来の大覚寺統の当主とすることも厭がった。これが鎌倉幕府滅亡と南北朝の分裂のきっかけである。

さて、以上、陵墓紹介に始まって縷々この経緯を述べはじめたのは、これが今につながる問題でもあるからだ。すなわち、天皇代数の問題である。今上陛下が第百二十五代だという根拠は、南北朝分立時代に対する歴史認識にもとづいている。

そもそも、以上で叙述に用いてきた代数は、現在の皇統譜によるものであって、当事者たちの認識ではない。

現在の皇統譜では、先述したとおり第八十八代である後嵯峨天皇を、後醍醐の側近だった北畠親房の『神皇正統記』では、第八十七代と数えている。その理由は後述する。

明治三年の諡号追加

平成の当今の帝は、第百二十五代であらせられる。譲位の儀が執り行われてめでたく皇太子殿下が皇位にお即きになったあかつきには、第百二十六代ということになる。（本書は平成三十年に出版された。）

これは記紀の記載にもとづいて、神武天皇を初代としているので、現在の実証史学では否定されている代数だ。つまり、科学的な数値ではなく、宗教的な伝承にすぎない。

ローマ教皇が、イエスの弟子のペテロを初代として連綿と続いているとしたり、禅宗の法統が、釈迦如来から達磨大師を経て師資相承（師匠から弟子へと法・道を伝えていくこと）で受け継がれてきたとしたりするのと同断である。

その点で、この代数表記に私は違和感を持っている。

ただ、本章で問題にしたいのは、史実の究明ではない。「実在する初代の天皇（ヤマト政権の大王）は誰か」という課題は専門の日本史研究者に任せ、ここでは百二十五代の途中で誰を数え、誰を数えないのかを扱いたい。

すでに別の拙著（『近代日本の陽明学』・『靖国史観』など）で紹介したように、徳川光圀は『大日本史』編纂にあたって、「三大特筆」と称される新たな事実認定を行い、これが明治政府に採用されている。

すなわち、

（1）神功皇后はあくまでも皇后なので天皇代数から外す。
（2）壬申の乱（六七二年）で敗れる前の大友皇子は即位していたので代数に入れる。
（3）南北朝分立は南朝こそが正統なのでそちらで代数を数える。

である。

逆にいえば、『大日本史』編纂が始まる十七世紀後半よりも前には、この三点についてはは逆の認識が通行していた。

北畠親房『神皇正統記』といえば、南朝を支えた重臣による史書であり、水戸学の顕彰を経て、明治から昭和初期にかけて権威を持った書物であるが、ここでも（1）と（2）に関しては古来の伝統的な見方をとっていた。

第十四代仲哀天皇の次の第十五代は神功皇后で、応神天皇は第十六代だったし、その数え方で第三十九代になる天智天皇の次の第四十代は、子の大友皇子ではなく、弟の大海人皇子（天武天皇）だった。

臣下の分際で変更を加えるのは畏れ多いと思ったのか、明治政府は明治天皇の判断という形式で、『大日本史』の主張どおりの代数変更を行う。

一増一減（神功が減り、大友が増える）方式なので、代数の数え方に実際の変更が生じたのは応神から天智までにとどまり、天武天皇が第四十代であることは、いずれにしろ変わりない。新しい数え方では、代数が一つ減って第三十八代になった天智天皇のあとに、第三十九代として大友皇子が加わったからである。

彼には諡（おくりな）がなかったので、『大日本史』では「天皇大友」と呼んでいた。

この措置がなされた明治三年（一八七〇年）には、「天皇大友」のほかに、ふたりの天皇にも諡号が贈られた。すなわち「天皇大友」は第三十九代弘文（こうぶん）天皇、従来「淡路（あわじ）廃帝」と呼ばれていた方が第四十七代淳仁（じゅんにん）天皇、そして「九条（くじょう）廃帝」が第八十五代仲恭（ちゅうきょう）天皇となる。

淡路廃帝とは、天武天皇の孫で舎人（とねり）親王の子。即位前は大炊（おおい）王と呼ばれ、第四十六代孝謙（こうけん）天皇から生前譲位されて、天平宝字二年（七五八年）に即位するも、同八年（七六四年）の藤原仲麻呂の乱に連座して廃位され、淡路に配流されてその地で亡くなった人物である。

そのため、兵庫県南あわじ市にある淡路陵に葬られている。代替わりにあたって改元していないことからも、実権をもたない天皇だったことがわかる。

彼のあとは孝謙上皇が重祚（ちょうそ）し、諡号と代数のうえでは区別して、第四十八代称徳（しょうとく）天皇と呼ぶ。

重祚とは、天皇経験者がふたたび皇位に即くことをいい、先例としては、これより前に皇極＝斉明がいる。ただし、現在にいたるまで重祚したことがあるのは、このふたりの女帝だけである。（後醍醐天皇も実際は重祚しているのだが、そういう扱いになっていない。その理由は後述する。）

なお、前章で紹介した崇道天皇こと早良親王のように、生前は天皇になっていないのに、その怨霊のたたりを恐れて天皇としての諡号をもらっていたり（ただし、代数には数えない）、保元の乱の敗者として讃岐国（香川県）に配流された崇徳天皇のように、これまた怨霊を恐れて諡号を授与されたりしている人たちに比べて、淡路廃帝はたたるだけの霊力が無いと思われたのか、御霊信仰で祀られることもなく、ずっと廃帝扱いだった。

生前といい、死後といい、つくづく影の薄い天皇だ。

淳仁という優しい諡は、憤懣のなかで崩じた天皇たちの「徳」字（崇徳・安徳・順徳など。後鳥羽も顕徳と称された時期がある）や「崇」字（崇道・崇徳）とは異なり、平安初期の淳和・仁明父子の諡号を、一文字ずつ取ったかたちになっている。（それが典拠ということではない。）

もうひとりの九条廃帝は、第八十四代順徳(じゅんとく)天皇の子。

承久(じょうきゅう)三年（一二二一年）の承久の乱に際して、順徳が身軽に動けるように、わずか四歳で譲位され天皇となった。

しかし、後鳥羽上皇・順徳上皇父子は挙兵するも、あえなく鎌倉幕府軍に敗れ、後鳥羽は隠岐(おき)、順徳は佐渡に配流、新天皇は在位七十数日で廃位された。以後、外戚の九条家邸内で過ごし、十七歳で世を去る。

世が世なら皇統の正嫡として、現在に至る天皇の祖先であったかもしれないのに、父親の失態で不幸な人生を歩んだ薄幸の皇子だった。

武家政権の立場からは、順徳の生前譲位からして、すでに承久の乱の一部として認め難いものだったので、天皇代数にも算入されていなかった。

しかし、明治政府は神武創業の精神に復(かえ)ることを標榜し、武家政権の時代に批判的だった。だから、彼を一人前の天皇と認める英断ができたのである。かくして仲恭天皇という称号が誕生する。

そもそも、「承久の乱」という呼称自体、鎌倉幕府側の歴史認識である。その正史というべき『吾妻鏡（あずまかがみ）』には、「承久兵乱」・「承久大乱」と記されている。これはのちに後醍醐天皇が挙兵した際に幕府方が「主上御謀反（しゅじょうごむほん）」と称したことにもつながっている。『史記』で登場人物たちへの批評をする「論賛」に倣って、当初は『大日本史』のなかに入る予定で書かれた『大日本史賛藪（さんそう）』では、上皇・天皇が挙兵したのに、これを乱と呼ぶのは語義矛盾という立場から、「承久之変」と改称した。明治政府はもちろんこの表記を採用する。

今もこの戦役をどう呼ぶかは、その当人の思想的立場を示す徴標となっている。すなわち、天皇制に否定的ないしは、こうした問題に関心のない人たちは「承久の乱」、天皇制を日本国の伝統として護持することが自分の使命と心得ている人たちは、『大日本史』の大義名分論にもとづいて、「承久の変」と呼んでいる。

私はというと、儒教研究者であるがゆえに孟子の教え、「たとえ君主であっても天下を乱す愚行をする者は庶民と同じである」に従い、「承久の乱」と呼ぶことを選択したい。

仲恭天皇に話を戻そう。

中国で恭帝とは、王朝最後の、次の王朝に禅譲して退位した皇帝に対して、新王朝から贈られる諡号であった。恭順ということで、東晋（南朝宋への譲位）、西魏（北周への譲位）、隋（唐への譲位）、南宋（元への降伏）の最後の皇帝たちはこの諡号である。

明治政府はそれらに倣って、鎌倉幕府の強要で、後堀河天皇に譲位させられた天皇として、彼をそう性格づけたものだろう。

「仲」の字は兄弟のなかでの次序（本来は次男）を示す字だった。孔子の字（呼び名）の仲尼も、彼に異母兄がいたためだと解釈されている。

ちなみに長男には、伯字を付ける。伯仲という熟語は、対抗する両者の力が拮抗している場合の形容として用いられているけれども、元来の語源としては、伯の方が上位者なのである。

明治三年（一八七〇年）の三天皇への諡号追贈は、天皇が万世一系であることを示すために、歴代のなかで廃位されたり即位を認められていなかったりした天皇を、みな天皇として天下に君臨したことにするための措置だった。

そして、彼らはみな皇霊殿（第三章参照）に祀られ、一人前の天皇として扱われるようになる。

南北朝正閏問題

後醍醐天皇による「主上御謀反」は、最初の試みでは失敗し、立てこもった笠置山が落城して捕えられ、廃位のうえ隠岐に配流される（一三三二年）。このときの元号をもって「元弘の乱」と呼ばれるが、ここでも「元弘の変」と称すべきだとする主張がある。

ところが、後醍醐上皇は、隠岐在住一年にして密かに脱出に成功し、伯耆国船上山（鳥取県）からふたたび倒幕を呼びかける。

これに呼応して、幕府御家人だった足利尊氏（当時はまだ高氏）・新田義貞らが寝返り、京都の六波羅探題と鎌倉の幕府本体が相次いで壊滅、後醍醐方の勝利に終わった（一三三三年）。

後醍醐上皇は京に帰還すると、鎌倉幕府が擁立していた光厳天皇（持明院統）を廃位して、ふたたび皇位に即く。つまりは、実質的な重祚である。

ただし、斉明天皇や称徳天皇の時と違って、後醍醐は光厳の即位自体を認めず、彼が建てた正慶という元号も無かったことにした。元号をいったん自分が使っていた元弘に戻し、その翌年、あらためて建武と改元したのである。そのため、光厳は、現在の皇統譜で天皇代数に算入されていない。

ところが、建武の新政は、すぐに武士たちの反感を買って失敗した。足利尊氏が後醍醐に反旗を翻して光厳上皇に接近するに及んで、持明院統と大覚寺統との対立は、二つの政権・朝廷が長期間並存するという未曽有の事態をもたらした。

この分裂は、形のうえでは持明院統（北朝）の明徳三年、大覚寺統（南朝）の元中九年、西暦一三九二年に再合一することで収束した。ただ、分裂期間の正統な天皇をどちらとみなすかという問題を残すことになった。

明治政府によって南朝が正統と決定されるのは、上記三天皇への諡号追贈より四十年以上も遅く、明治も末になってからで、国定教科書への批判事件が発端だった。

当時教科書編纂の責任者だった喜田貞吉は、歴史学的に公正な判断から、南北両朝を並称していたところが、これ対して中学校の教師たちや野党側からの攻撃がなされる。偏向教育だというわけだ。こうして明治四十四年（一九一一年）に、南朝を正統とすることが公布された。

参考までに、後醍醐天皇が鎌倉幕府によって廃位されて、隠岐配流となる元弘の乱からの南北両朝の天皇を比較列記すると、

北朝（持明院統）：後醍醐・光厳・光明・崇光（すこう）・後光厳（ごこうごん）・後円融（ごえんゆう）・後小松
南朝（大覚寺統）：後醍醐（廃位を認めない）・後村上・長慶（ちょうけい）・後亀山・後小松

で、北朝系に比べて南朝系で数えると二代少なくなる。もちろん、後醍醐は大覚寺統、後小松は持明院統だ。

しかも、長慶天皇については、かつてその在位が疑問視され（そのくらい、南朝関係の史料は乏しい）、在位の確証が得られて正式に皇統譜に列せられるのは、なんと大正十五年（一九二六年）だった。

言い換えれば、南朝については、後醍醐・後村上・後亀山の父子三代での皇位継承があっただけともみなされていたわけで、そうすると北朝系列よりも三代少ないことになる。（一八五頁、図4の2の系図のとおり、長慶と後亀山は兄弟。）

幕末の尊王攘夷運動は、水戸学や平田派国学の影響下に形成されたものだった。

伊藤博文や山県有朋ら長州閥の維新の元勲たちが、師として崇拝する吉田松陰は、水戸学の藤田東湖（幽谷の子）に憧れ、彼に会いにいくことを一因に、藩の許可なく水戸・東北旅行を決行している。

長州藩士が犯人というわけではないようだが、文久三年（一八六三年）には、京都等持院に安置されていた足利尊氏ら三代の室町幕府将軍木像から首が抜き取られ、三条河原に晒し首にされるという事件が起きた。

水戸学的な歴史認識によって、北朝を建てた足利氏を朝敵とみなす尊王攘夷派の仕業だった。

この事件は、江戸幕府の将軍徳川家茂に対して、「もし孝明天皇の勅命を奉じて攘夷を決行しないなら、お前もこいつらのようにしてやるぞ」というメッセージの発信という意味をもっていた。

足利尊氏は、室町幕府創設の功労者というプラス評価ではなく、後醍醐天皇に対する逆臣というマイナスイメージで見られていたのだ。

彼が持明院統の天皇たちに尽くした彼なりの忠義は、その北朝がにせものであるという判断のもと、まったく意味のない、それどころか正しい政府（南朝）に対する敵対行為とされたわけである。

足利尊氏といえば、そのライバル楠木正成(くすのきまさしげ)にも言及せねばならない。この二人の評価が真逆だからだ。

江戸時代には『太平記』の流行や水戸学による『大日本史』編纂、それらの影響を受けた頼山陽(らいさんよう)の詩文や曲亭馬琴(きょくていばきん)の小説などによって、楠木正成への評価が高まった。

また、人形浄瑠璃・歌舞伎の分野には、「太平記物(たいへいきもの)」と呼ばれるジャンルがあり、その多くは、南朝方の武将だった楠木正成・新田義貞らを善人側に据えている。

新田義貞の場合、徳川家が彼を自分たちの先祖と位置づけていたから、彼を讃える内容にすることで、その他の点での検閲を免れやすくする効果があっただろう。

なお、家康が松平から徳川に苗字を変えたのは、新田氏支流の得川氏に系譜上つなげることで清和源氏を称し、征夷大将軍となるためだったと一般にはいわれているものの、定かではない。

ただ、十六世紀末の段階で、すでに教養ある上級武士層には『太平記』が知られており、その登場人物ゆかりの家系を名乗りたいという欲求は、家康にかぎらず、どの戦国大名にもあったと思われる。

浄瑠璃脚本に話を戻せば、享保八年（一七二三年）に初演された、竹田出雲・松田和吉作、近松門左衛門修訂の「大塔宮曦鎧」という演目では、後醍醐天皇の子で元弘の乱で活躍した大塔宮護良親王（私が学校で教わった頃には「だいとうのみや　もりながしんのう」だった）が、主役級の活躍をしている。

護良は、『太平記』において、みずから甲冑を身にまとい、山岳修験者（いわゆる山伏）たちを率いてゲリラ戦を展開する英雄として描かれており、皇族が直接武力倒幕に従事する強烈な印象を、幕末志士たちに刻印したと思われる。

戊辰戦争に勝って新政府ができると、さっそく南朝功臣たちの国家的顕彰が始まる。

楠木正成を祀る湊川神社が、その戦死の地の神戸に設けられたのが、明治五年（一八七二年）。彼は明治十三年（一八八〇年）には、人臣として最高位の正一位にも追贈されている。

新田義貞も、戦死の地福井に明治九年（一八七六年）に藤島神社が造られ、明治十五年（一八八二年）に同じく正一位を追贈。

明治二年（一八六九年）には、鎌倉のこれまた死没の地に、護良親王を祀る鎌倉宮が建立された（図4の3）。

彼らの主君、後醍醐天皇については、江戸時代においても崩御の地吉野の吉水院（きっすいいん）で供養がなされていたが、神仏分離政策によって、明治六年（一八七三年）に後醍醐天皇社（のちに吉水（よしみず）神社）となり、さらにこれとは少し離れた別の場所に、明治二十五年（一八九二年）、吉野神宮が完成した。

後醍醐の陵墓は、これらと別にやはり吉野にあったが、ここも新たに修陵されたことは言うまでもない。

江戸時代までの朝廷・幕府の公式見解は、北朝中心史観だった。南北朝合一以降、持明院統が皇位を独占してきたからである。

正長（しょうちょう）元年（一四二八年）の後花園（ごはなぞの）天皇践祚（せんそ）以降、持明院統のなかでも崇光天皇系に皇位が移り、江戸時代を経て明治天皇に至った（二〇七頁で後述）。つまり、明治天皇はれっきとした北朝系天皇であった。

にもかかわらず、明治政府は当初から南朝びいきで、北朝の歴代天皇やその「忠臣」たちが、顕彰や追贈の恩典に浴することはなかった。

湊川神社（広瀬雅信／アフロ）

藤島神社（三浦啓昌／アフロ）

鎌倉宮（高橋孜／アフロ）

図４の３　明治政府によって新たに造られた、南朝功臣たちを顕彰するための神社

吉野神宮以下、鎌倉宮・湊川神社・藤島神社等、南朝の人士を祀る十五の神社はまとめて建武中興十五社と呼ばれている。

平成二十九年（二〇一七年）のＮＨＫ大河ドラマは「おんな城主直虎」で、井伊直虎を主人公として、その領土井伊谷が舞台となっていた。そのおかげで、建武中興十五社の一つとしてここにある井伊谷宮（静岡県浜松市）も、少しは知名度があがったようである。

井伊谷宮の祭神は、後醍醐の子の宗良親王。北畠親房に付き添われて奥州に渡航する途中、遠州灘沖の嵐でこの地に漂着、地元豪族の井伊道政の庇護を受けた。

その後、北朝方に逐われ、信濃国（長野県）を拠点に三十年間にわたり転戦、一時は鎌倉を占領したこともあった。晩年はいったん吉野に戻ったものの、その最期の地は定かではない。

そうしたわけで、彦根藩知藩事（江戸時代の藩主）の井伊直憲の建白にもとづき、生前ゆかりの井伊谷に、宗良を祀る神社が明治初期に設けられたのだ。

宗良親王は歌人としても知られ、南朝の准勅撰として『新葉和歌集』（一三八一年完成）を編んでいる。そのなかには彼自身の歌が多く収められているが、最も著名なのは巻十八に載るこれであろう。

思ひきや　手もふれざりし　梓弓（あずさゆみ）　おきふし我が身　なれむものとは

宗良は、後醍醐天皇が即位するより前の応長（おうちょう）元年（一三一一年）に、京の都で生まれた。大覚寺統の皇子のひとり、しかも嫡流ではない（父の後醍醐すら天皇になれる出自ではなかった）者として、長じてからはしかるべき寺院に入って、僧侶として平穏な一生を送るはずであった。

それが、父親の気まぐれから内戦の一方の当事者に引き込まれ、二十代後半以降の五十年近くを地方で過ごすことになるとは、まさしく夢にも思わなかったであろう。

昔は触る機会もなかった「梓弓」（通常は神事に使う弓の意だが、ここでは実戦用であろう）を常時枕元に置く境遇になるとは――。

私には、これは溜息まじりの詠嘆の歌に読める。

しかし、大日本帝国政府は、この歌さえ放ってはおかなかった。靖国神社を象徴する和歌として、その附設博物館である遊就館（ゆうしゅうかん）に、今も仰々しく掲げられている。溜息まじりなどではなく、奮いたつ武勇の歌として評価されているのだ。

そして、親王ですら天皇のために朝敵と戦ったことを教え、戦況不利であっても決して降伏・寝返りをしないようにすることを、帝国臣民に要求する史料として利用されつづけている。

なお、言うまでもないことながら、宗良親王を庇護した井伊家は、その後北朝方（室町幕府方）の守護大名今川氏配下の国人（在地領主）となり、直虎の努力を経て、直政のときに徳川家康に仕え、江戸幕府の譜代重鎮となった。要衝の彦根藩をあずかるばかりか、大老を輩出して、幕政にも参与する名門となる。

徳川氏は南朝ゆかりの新田氏（その支流の得川氏）の子孫を自称（おそらくは僭称）したが、井伊家はそれ以上に由緒正しく、南朝方を先祖にもつ一族だった。

その当主井伊直弼が、開国政策の非を糾弾する南朝信奉者のテロリストたちによって、安政六年（一八六〇年）に江戸市中で惨殺された桜田門外の変は、こうしてみると皮肉な事件だった。

先にあげた変と乱の用法からすれば、私はこれを「桜田門外の乱」と呼びたい。

喜田貞吉の憂鬱

喜田貞吉という歴史学者がいる（一九五頁参照）。徳島県出身、東京帝国大学（現在の東京大学）で国史（日本史）を修め、歴史地理学に精通していた。明治四十三年（一九一〇年）、国定の国史教科書についての教師用冊子改訂担当を命ぜられ、これに従事する。

当時、南北朝については、両統並存という厳然たる歴史的事実をふまえ、「南北朝時代」という表現のもと、どちらか一方だけが正統という書き方はせずに教えられていた。この価値中立的なやりかたに対して、抗議して政府の方針を糾弾したのは、ジャーナリズムと野党勢力だった。

読売新聞の明治四十四年（一九一一年）一月十九日付け社説は、両朝が対立していたとする歴史認識はきわめて危険で、青少年に悪影響を及ぼすものであり、歴史教育は大義名分論にもとづいてなされるべきだと主張する。

これは、政権の意向を忖度した御用記事ではなく、逆に、長州閥だった当時の桂太郎（かつらたろう）内閣の政策に対する批判を基調とするものだった。

つづいて、桂内閣との対決姿勢をとる立憲国民党が、この問題を政府批判の材料として利用する。

この政党は、犬養毅や河野広中らによる寄り合い所帯の気味が強く、党是として全党員が南朝正統論者だったわけではなかろう。

しかし、藩閥内閣を打倒するために、世論に訴えかけるには、この南北朝正閏問題はきわめて有効な道具とみなされたのである。なぜなら、長州藩こそ、南朝正統の歴史認識をもって、江戸幕府を思想的に糾弾してきた歴史をもつからだ。

あえてこの問題を長州閥の桂内閣につきつけ、その言行不一致ぶりを世論にアピールしようという戦略であった。

山県・桂ら長州閥は、「北朝も南朝とならんで立派な朝廷だった」とは言いにくい立場にある。彼らが信奉する水戸学や頼山陽の歴史観、あるいは旧長州藩士の間で神聖な存在だった吉田松陰の見解では、南朝こそが正しい政府だった。

その結果、彼らは「とかげのしっぽ切り」の挙に出る。責任を教科書編纂官たる喜田ひとりに押し付け、彼を休職処分としたのだ。

喜田はその後、京都帝国大学や東北帝国大学で教鞭を執り、歴史地理学の確立者として記憶されている。また、被差別民問題を歴史学の視点から研究しはじめた草分けでもあり、その著作集には、「部落問題と社会史」と題する一巻がある（『喜田貞吉著作集』全十四巻の第十巻、平凡社）。

彼がこの騒動の前年に編纂した『国史之教育』（三省堂書店、一九一〇年）には、「現在皇室御略譜」が掲載されている。そして、この系図は持明院統光厳天皇の子、崇光天皇から始まっている。この段階では、まだ南北両朝並記がなされていたから、崇光も立派に天皇として認められていたのだ。

崇光天皇の不幸な生涯については、拙著『足利義満　消された日本国王』（光文社、二〇〇八年）で詳しく述べた。

崇光は、観応三年（一三五二年）、足利義詮（尊氏の子）に裏切られ、南朝方に売り渡されるようなかたちで、賀名生（奈良県五條市で、南朝の行宮が当時置かれていた地）に父光厳上皇・叔父光明上皇らとともに拉致連行されて、五年間の俘虜生活を送る。

この間、京では、彼の弟の後光厳天皇が、足利尊氏・義詮父子によって擁立されていた。そのため、帰京後はすでに退位した上皇として扱われたうえ、政治から遠ざけられ、応永五年（一三九八年）、不遇のうちに生涯を終える。

彼の子孫は伏見宮家の創設を許されたが、本来は天皇家の嫡流であるにもかかわらず、庶流の扱いを受ける。

ところが、称光天皇に嗣子がなかったため、崇光天皇の曽孫が、後小松天皇の子という形式で即位し後花園天皇となって、「天つ日嗣」を継承して現在に至っているのだ。

そのため、喜田は、崇光天皇から始まるかたちでの系図を作成し、その最後に今上天皇（明治天皇）と皇太子（大正天皇）およびその子たちを載せている。

彼にとって、そして史実としても、皇統は持明院統崇光流によって受け継がれてきたのだ。畏れがましいことながら、明治四十四年（一九一一年）に南朝を正統と裁定したことは、本当に明治天皇の大御心にかなう決定だったのだろうか。

君主の意志を無視し、自分たちの利害で政治を壟断するやからのことを、儒教では「君側の奸」と呼んで、唾棄軽蔑する。長州閥は、南北朝正閏論の一点だけでも、充分これに値するのではなかろうか。

「おことば」として婉曲に表明された今上陛下の大御心が、同じような人たちによって、捩じ曲げられていなければ幸いである。

さて、明治天皇の名を使ったこの裁定以後、教育現場では「南北朝時代」という語の使用は禁じられ、代わりに「吉野朝時代」が使われることになった。

そして、今なお皇統譜は南朝の諸天皇を代数に数え、南北朝合一ではじめて、当時の北朝の当主（後小松天皇）が正統な天皇になったとみなしている。

天皇系図においても、その多くは、南朝方は肩付き数字に通し番号を付して正統であることを示し、北朝天皇、たとえば崇光天皇の場合は別に「北３」としている。

公正さを期して付言しておく。

持明院統の陵墓も宮内庁がきちんと管理しているし、皇霊殿の祭祀対象には、いちおう北朝天皇も含まれている。

私たちがこの南北朝正閏論争から学ぶべき教訓は、次のようなものではなかろうか。

すなわち、歴史の歪曲は、国家権力が主導するわけでは必ずしもなく、一般の人たちの間に浸透する、素朴な史観による場合があるということである。

国家・政府が常に悪いことをするという単純な認識は、勧善懲悪主義という点で、朱子学・水戸学の大義名分論と同質・同水準にすぎない。真に恐るべき悪は、私たち自身の中に、しかも善かれと思ってふるまう行為の中にこそ潜んでいるのだ。

単純でわかりやすい図式的理解に喜んで飛びついてしまう私たちの心と頭の弱さこそが、本質的に大事なものを喪失してしまう危険性をもたらす、真の敵なのである。

第五章　暦

七夕の思い出

十歳くらいの頃、不思議でならなかったことがある。七夕の日付、七月七日についてだ。

当時、子供向けの童話を通じて、私が覚えた七夕の由来は次のようなものだった。

昔、彦星と織姫は恋仲になった。毎日ふたりで会っていたため、彦星の仕事の牛の世話も、織姫の仕事の機織りも、どちらもおろそかになっていた。そんなふたりの様子を見た王様は怒って、ふたりの仲を引き裂き、天の川の両岸に別れ別れにさせてしまう。ただし、年に一度、七月七日の晩にだけ、彦星が天の川を渡って織姫に会いに行くことを許した。でも、曇りや雨で地上から天の川が見えない天気のときには、ふたりのその年のデートはだめになる、と——。

そして不思議に思ったのだ。「七月七日といえば、梅雨の真っ最中。夜、空がすっきり晴れて天の川が見える年は稀だ。王様はわざと意地悪してこんな天気にしているのだろう」と。

少しく長じてからは、昔の人は梅雨の晴れ間を貴重なものと考えて、右のようなお話を作ったのだろうと、民俗学的（?・）に分析するようになった。

旧暦というものの存在を知ったのは、中学生になってからだったろうか。それによって積年の疑問が一気に氷解したのである。

意地悪だったのは、話に登場する王様でも、その話を作った昔の人たちでもない。今私たちが使っている暦（グレゴリオ暦）を西洋から移入した、明治政府である、と。

本来、七夕は、東アジア温帯モンスーン地帯の梅雨があけ、戸外で真夏の夜空を仰ぎながら、天の川を挟んで輝く二つの一等星（西洋式の名前でアルタイルとベガ）を愛でる習俗だった。一ヶ月以上にわたって梅雨前線によって覆われ、見ることのできなかった星空を観賞し、また真夏という若い男女の恋の季節にふさわしい話として、あの伝承が作られたのだということを、私は知ったのである。

そして、大学で中国の伝統文化を学ぶに及んで、このような愚かな日程変更をしたのがわが国だけであることに、あらためて愕然とした。

中国や韓国では、こうした民俗行事は今でも基本的に旧暦で行われる。古来の伝統産業である農業が活用する暦であることから、中国語では農暦と呼ばれている。七夕（北京語でチーシー、韓国語でチルソク）もまた、農暦七月七日、すなわち古来の正しい日付で祝われつづけている。

日本は、東アジア諸国のなかで、先鞭を切って農暦からグレゴリオ暦への転換を政策的に進めた。そして、いつしか民間行事までもが、古代ローマ人が作り、近世のローマ教皇が微修正したこの暦にしたがって、実施されるようになった。

「梅雨の真っ最中の星祭り」という、ありえない風習は、ここに由来する。

もちろん、これに抵抗する動きも残った。その一つのありかたが「月遅れ」である。

有名な仙台の七夕まつりは、八月七日を中心に行われている。そうすれば、かつての暦の日付に近いからだ。そして、この祭りは、梅雨明けのあと、八月初旬に東北各地で行われる夏祭り（青森のねぶた、弘前のねぷた、秋田の竿燈、山形の花笠、盛岡のさんさ踊り）の一つを構成している。

私は毎年、雨のなかを片手に傘、片手に自作の笹飾りを持って下校する小学生たちを見るにつけ、明治政府の重大な失政を糾弾したい義憤にかられる。

自己分析をしてみれば、グレゴリオ暦の日付による七夕行事に対するこの強烈な違和感が、私が中国の思想文化に興味をいだくきっかけになったのかもしれない。

太陽暦と太陰太陽暦

古代エジプトは、毎年定期的に訪れるナイル川の氾濫によって、上流地域の肥沃な土壌が農地に流れ込み、これを用いた耕作で栄えたという。このため、太陽の運行に対する正確な観測と、これにもとづいた暦の作成が行われた。

冬至から次の冬至まで（春分から春分までで同じことだが）の期間を太陽年といい、これを基準に据えた暦を太陽暦という。一太陽年は三六五・二五日とされ、平年は三六五日、四年に一度、もう一日多い三六六日の閏(うるう)年を設けることでこの端数を調整した。ただ、実際には閏年は行われなかったと言われる。

ローマ共和国の権力者ユリウス・カエサル（ジュリアス・シーザー）は、前四五年にエジプトの暦にもとづいた太陽暦を、ローマに導入した。その際に、月の区切りを改めた。

すなわち、エジプトでは、三十日からなる月が十二と、五日の月が一つの十三ヶ月で一年を構成していたのを変更し、三十一日からなる大の月と、三十日からなる小の月とを交互に並べ、十二番目の月フェブルアリウス（Februarius）を、平年は二十九日、閏年は三十日とする方式を採用して日程調整を行うことにした。

ローマでは、カエサル以前には、これと異なる仕組みの暦が使われていた。毎月の日数は三十一日か二十九日で、平年は一年三五五日、二年に一回の割合でもう一ヶ月多くして、太陽年と暦年とのずれを調整する。

これはギリシャの暦法を継受したものだった。ただし、ギリシャではその後、十九年を一つの周期として、これを二三五ヶ月とするようにした。紀元前五世紀のメトンという数学者による算出とされ、メトン周期と呼ばれた。つまり、十九年に七回、非正規の月を設けたのである（235−12×19=7）。

カエサルは、古い形のギリシャ式の暦をエジプト式に改めたことになる。

そして、その後、彼の後継者たるオクタヴィアヌス（アウグストゥス）が、自分の誕生月（Augustus ＝8月）の日数をカエサルの月（Julius）と同じく、大の月とするなどの修訂を行った。これにともなってフェブルアリウスはさらに一日を奪われ、平年は二十八日、閏年では二十九日となった。なお、この二つの月の名称は、彼らの死後につけられたものである。

ただ、ユリウス暦は、前述のように一太陽年を三六五・二五日と想定しており、実際とは誤差を生じる。そのため、ローマ教皇グレゴリウス十三世は、一五八二年に改暦を実施した。

この暦では、本来は閏年になるべき年のうち、世紀の変わり目にあたる百年に一度は閏年にしない。ただし四百年に一度（西暦一六〇〇年や二〇〇〇年）は閏年とする。あわせて、改暦当時の日付を一気に十日程修正して、正しい太陽年に暦年をあわせた。

この暦は、西欧列強が地球上に侵出して、他の文明圏を支配するようになると、人類共通の暦とみなされ、現在に至っている。

このように、太陽暦がローマ帝国とキリスト教によって、地中海域に広まったのに対抗して、アラビアに起こったイスラム教は、月の満ち欠けのみを用いて、閏年を設けない暦を使用している。

中国では、日（太陽）に対して月を太陰と呼んだので、イスラム教の暦のように、月のみを基準とする暦を太陰暦という。つまり、キリスト教（太陽暦）とイスラム教（太陰暦）は、相反する原理にもとづいているのだ。

ギリシャ式の暦は、月の満ち欠けと太陽の運行を組み合わせ、非正規月（閏月）を設けることによって、この二つの原理を調停していた。

カエサルは、わざわざそれを単純な太陽暦に変え、ムスリムたちは逆に太陰暦に走ったのである。

中国でもギリシャ同様、太陽と太陰（月）という二つの基準・原理を立てる暦を工夫した。そこで、この種の暦は太陰太陽暦と呼ばれる。日本の旧暦もこれである。

ローマの暦が、一ヶ月の長さを三十一日もしくは二十九日としたのは、三十という数を避けたからだといわれる。

ところが中国では、三十は逆に縁起のよい数の一つで、むしろ三十を基数とする月の長さが設定された。これに一日欠けるのが小の月である。

月の満ち欠けは約二九・五日周期だから、ローマ暦と違って、この方が実際の月齢に対応する日付となる。（原則として三日月の日が三日、満月の日が十五日、七夕の夜空に輝くのは毎年かならず上弦の形かこれに近い月。）

一年はふつう三五四日、メトン周期（中国では「章」と称した）に従い、十九年に七回、一年十三ヶ月の年を設けて太陽年との調整を行う。

この際、ギリシャ＝ローマのように、閏月を挿入する場所を固定するのではなく、季節の運行にかなうべく、年によって閏月挿入の場所が異なる。どこに閏月を入れるべきかを決めるのが、二十四節気（のうちの中気と呼ばれる十二個の時点）であった。

閏月挿入の珍例

昨年（平成二十九年＝二〇一七年）は、旧暦で閏月を設ける年だった。

これに関して珍しい事態が生じたので、閏月の仕組みの説明とあわせて紹介しておく。

太陰太陽暦には、月の満ち欠け（現代の天文学用語では、地球上からの見かけ上の月の公転周期）によって定める一ヶ月と、太陽高度の周期（現代の天文学用語では、地球の公転周期）によって定める一年とを、長期的に調整する仕組みが具（そな）わっている。

単年では、月の満ち欠け十二回分である三五四日前後をもって一年とするが、十九年に七回、十三ヶ月ある年を挿入することによって、太陽年との齟齬（そご）を解消する。十三ヶ月ある年の、正規の十二の月ではない特別な月を閏月と呼ぶ。

現在のグレゴリオ暦だと、天文上の太陽年と暦日との齟齬を、四年に一回の閏年で調整する。その場合、二月の末日を通常の二十八日ではなく、もう一日増やして二十九日とすることで一定しており、どの閏年もこれ以外の日付を増やすことはない。

ところが、中国の太陰太陽暦では、閏月を一年のどこに入れるかは、年によって異なる。

季節	節気	名前	現在の日付	おもな意味・特徴
春	正月節	立春	2月4日頃	春がはじまる。
	正月中	雨水	2月19日頃	雪や氷がとけ、雪が雨にかわる。
	2月節	啓蟄	3月6日頃	冬眠していた虫が穴からはいだす。
	2月中	春分	3月21日頃	昼と夜の長さが同じ。
	3月節	清明	4月5日頃	清くあきらか。草木の芽がでる。
	3月中	穀雨	4月21日頃	穀物をそだてる雨がふる。
夏	4月節	立夏	5月6日頃	夏がはじまる。
	4月中	小満	5月22日頃	植物がそだち、しげる。
	5月節	芒種	6月6日頃	田植え。
	5月中	夏至	6月21日頃	昼の長さがいちばん長い。
	6月節	小暑	7月8日頃	梅雨があける。
	6月中	大暑	7月23日頃	暑さが最高になる。
秋	7月節	立秋	8月8日頃	秋がはじまる。
	7月中	処暑	8月24日頃	暑さが終わる。
	8月節	白露	9月8日頃	秋の気配がこくなる。
	8月中	秋分	9月24日頃	昼と夜の長さが同じ。
	9月節	寒露	10月8日頃	露が寒さでこおろうとする。
	9月中	霜降	10月24日頃	露が霜になる。
冬	10月節	立冬	11月8日頃	冬がはじまる。
	10月中	小雪	11月23日頃	雨が雪になってふる。
	11月節	大雪	12月8日頃	雪がふりつもる。
	11月中	冬至	12月22日頃	夜の長さかいちばん長い。
	12月節	小寒	1月5日頃	寒さがましてくる。
	12月中	大寒	1月20日頃	寒さがもっともきびしくなる。

出典：https://www.lib.pref.yamanashi.jp/kosyu/kyozai/kyodo.htmlを一部改変。
山梨県社会教育施設情報化・活性化推進委員会／山梨県立図書館

図5の1　二十四節気一覧

なぜそうなるのか。

それは、正規の十二ヶ月は、原則としてそのなかに二十四節気のうちの十二の中気を含むようにしているからである。逆にいえば、どの中気があるかによって、月の序数名称が定まる（図5の1）。

たとえば、中気の一つ雨水は、かならず一月（一月歳首の暦〈一月を一年のはじめとする暦のこと。後述〉では正月）にある。逆にいえば、雨水を含む月のことを正月と呼ぶ。

また、春分はかならず二月にある。逆にいえば、春分を含む月のことを二月と呼ぶ。

通常の年は、このやりかたで十二ヶ月が一巡し、次の年もこれを繰り返す。

ところが、ここに上述の齟齬がはらまれている。中気どうしの間隔は、月の満ち欠けとは一致しないからだ。

月の満ち欠けが、平均して約二九・五日であるのに対して、中気どうしの間隔は約三〇・四日である（365.2422÷12＝30.43685）。つまり、毎月一日弱ずつずれていく。

このずれが、三年分蓄積すると、まるまる一ヶ月分の余剰となる。十九年だと七ヶ月分になる。十九年に七回、閏月を設けるのはこのためだ。

実例で説明しよう。

平成二十九年の夏至は、旧暦五月二十七日にあった。夏至の次の中気である大暑は、それから三十二日後に来る。なお、ここの中気の間隔が、三〇・四日という一年の平均値より若干長くなっているのは、現代の天文学で説明すれば、地球の楕円形の公転軌道のなかで太陽から遠い時期であるため、力学的に公転速度が落ちるからである。

そして、この年は、大暑の日が朔（月の満ち欠けの始点となる、現代の天文学では太陽と地球と月が一直線に並ぶ瞬間を含む、旧暦では月のはじめの日）でもあった（三十二日後のため）。地球の公転と月の公転とは独立事象だから、これはこの年の特殊な事情である。

大暑を含む月を六月と呼ぶ決まりなので、六月は朔日（さくじつ）であるこの日に始まる。いいかえれば、大暑の前の日までは六月ではない。

ところが、夏至はすでに五月二十七日に来ており、この三日後には、大暑ではない別の朔を迎える。つまり、夏至と大暑のあいだの三十二日間に、月の満ち欠けがもうひとまわり分、存在してしまうのだ。

五月（夏至を含む）でも六月（大暑を含む）でもないこの月は、なんと名づければよいのか。「閏五月」である。

と、ここまでは十九年に七回ある、その意味では通例の事態である。中国でも韓国でも日本でも、月のなかでの日付はすべて同じである。

ところが、この年の大暑は特別だった。太陽運行上の大暑の瞬間を、世界標準時で、グレゴリオ暦七月二十二日の午後三時十五分に迎えたからである。

日本では時差により、すでに日付が変わった翌二十三日の午前零時十五分になる。夏至（グレゴリオ暦で六月二十一日）から三十二日後だと先述したのは、そういうわけだ。

そこで、グレゴリオ暦七月二十三日にあたる日を、旧暦六月一日とする月の立て方を行い、そのために、その前日（グレゴリオ暦七月二十二日）までが閏五月とされた。

しかし、中国では日本と一時間ある時差の関係で、この大暑の瞬間が、まだグレゴリオ暦で七月二十二日のうちである午後十一時十五分に来てしまうはずだ。つまり、中国における大暑の日付は二十三日ではなく、二十二日なのだ。厳密にいうと、後述（二二八頁）のように、日中両国の旧暦の計算方法は微妙に異なるのだが、ここでは簡単に説明した。

月の運行によって定まる朔は、日本と同じくその翌日（二十三日）に来るので、大暑と朔が日付のうえで一致しなくなる。大暑は朔日の前日で、晦日ということになる。

では何月の晦日か？

大暑を含む月を六月と定義するのだから、必然的にこの日は六月の晦日である。（この場合、小の月なので二十九日。なぜ小の月かというと、夏至のあとの朔がグレゴリオ暦六月二十四日だから、同七月二十二日まで二十九日間になるから。）

こうして、グレゴリオ暦の七月二十二日は、日本の旧暦では閏五月の晦日、中国の農暦（太陰太陽暦）では六月の晦日となる。その二十八日前のグレゴリオ暦の六月二十四日の朔の日以降、日本の旧暦では閏五月、中国語圏の農暦では六月になるという、奇妙な現象が生じてしまったのだ。

グレゴリオ暦の日付	日本式の旧暦	中国式の旧暦
6月21日	夏至、5月27日	夏至、5月27日
6月24日	閏5月1日	6月1日
7月22日	閏5月29日	大暑、6月29日
7月23日	大暑、6月1日	閏6月1日
8月22日	7月1日	7月1日
8月23日	処暑、7月2日	処暑、7月2日

図5の2　2017年の閏月

この食い違いは、その次の月にも続く。

すなわち、日本ではグレゴリオ暦の七月二十三日に始まる旧暦の月が、大暑と朔日が重なる正規の六月であるのに対して、中国では大暑が終わったあとの月でありながら、大暑の次の中気たる処暑（グレゴリオ暦で八月二十三日）が来るより前に終わってしまう、中気を含まない月となる。つまり、閏六月である。

こうして、グレゴリオ暦八月二十二日の朔に始まるその次の月は、日・中ともに処暑を含む月として、めでたく同じ「七月」となる。

要するに、閏月を挿入する月が一つずれることにより、つごう二ヶ月間にわたって月の呼称が異なる事態が生じたのだ（図5の2）。

改暦の歴史

以上、長々と東アジアの太陰太陽暦の仕組みについて説明してきた。

太陽暦が、太陽の運行にのみ注目していればよいのとは異なり、太陰太陽暦はあわせて月の満ち欠けにも注意し、もともと無関係なこの両者の運行を調整して作らなければならない。そのため、天体が計算どおりに運行しないことからくる微妙な数値誤差や、歳差運動、月齢どおりの日付とはまた異なる暦法上の調整などが、古来、作成者の頭を悩ませてきた。

それらを解決するための工夫、複雑な手法の奥は、まだなお深い。私自身も充分理解できていないところもあるので、あとは天文学者による専門書を読んで、知見を得ていただきたい。

では、なぜそこまでして正確な暦の制定にこだわるのだろうか。

カトリック諸国で、一五八二年にユリウス暦を改めて、グレゴリオ暦にしたのは、従来の一年＝三六五・二五日という設定が、実際の太陽運行と十日もずれてしまったからである。実際の太陽年は、三六五・二四二二……日だから、毎年約百分の八日ずつずれる。それが積もり積もって十日に達していたのだ。

キリスト教の教義でもっとも重要なのは、イエスという人が処刑後復活して、天に昇った（つまり、彼は神の子だった）と信じることである。それを祝う復活祭は、「春分の日の次の満月のあとの最初の日曜日」と決められていた。

ところが、太陽運行上の春分と、ユリウス暦の上での春分の日（三月二十一日）が十日も喰い違えば、復活祭の日付も本来のものとずれてしまい、典礼上の大きな問題となる。

これが改暦の大きな理由だった。

新しい暦が、当時のローマ教皇（グレゴリウス十三世）の名で公布されていることが、カトリック教会の必要で定められたことを示している。

そのため、プロテスタント諸国や東方正教会諸国は、この改暦に従わなかった。ロシアがグレゴリオ暦を採用するのは、なんと一九一八年、ロシア革命で帝政が倒れた時である。

ことほどさように、ヨーロッパでも暦は宗教と密接だった。

かつてイスラム教を国教とする諸国では、ヒジュラ暦と呼ばれる純粋な太陰暦が使われたが、これもイスラム教の教義によっていた。

しかし、東アジアの場合、ヨーロッパにおけるキリスト教や北アフリカから東南アジアに広がるイスラム教のような意味合いでの、王権から独立した宗教は存在しない。

東アジアには、儒教が君臨していた。

儒教では、皇帝が天の意思を受けて、地上を統治していると説く。暦は、皇帝が単に地上を空間的に治めているだけでなく、そこの時間も支配・制御していることを示す道具だった。地上で生活している人間たちに、天体の動きを忠実に反映した正確な暦を提供することが、皇帝の権限であり、また責務でもあった。中国の歴代王朝は、天文観測や暦数計算の専門家を雇い、正確なデータと数値を収集して、常に暦の微修正を行っていた。

日本でも中国で作られた暦を移入し、それを使っていた。

神武創業の頃のことはさておき、きちんとした文献資料で確認できる最初の暦は、元嘉暦（げんかれき）と呼ばれる。これは中国の南北朝時代、南朝の宋の元嘉二十二年（四四五年）に定められたもので、日本が導入したのは六世紀なかばである。

その後、大陸から新しい暦が伝わるたびに、三度の改暦が行われる。順に、儀鳳暦（ぎほうれき）（六九七年から、唐では麟徳暦（りんとくれき）と呼ぶ）・大衍暦（たいえんれき）（七六四年から）・宣明暦（八六二年から）という。

括弧内の年代は、日本におけるこれらの使用開始年次で、唐ではそれらより前だったことはいうまでもない。

ところが、八三八年の遣唐使以降、中国に朝貢しなくなると同時に、新しい暦の移入もやむ。宣明暦も唐から直接ではなく、渤海国（今の北朝鮮から中国東北部を領土とした国）の使節団が、天安三年（八五九年）にもたらしたのである。

日本は、自力で暦の数値を改訂することができなかったのだ。

以後、宣明暦の計算方法にもとづく暦が使われつづけ、江戸時代にいたる。

日本人が独自の計算方式によって作った最初の暦が、教科書にも載る貞享暦（一六八五年から）である。作成者は渋川春海（別名安井算哲）。貞享暦は、中国の授時暦の計算手法にもとづきつつも、中国よりも東にある日本に合わせている。

春海は、江戸幕府に設置された天文方に勤め、以後はこの機構が暦を取り仕切った。その後、計算手法の改定による改暦が三度行われ、順に元号の名をとって宝暦暦（一七五五年から）・寛政暦（一七九八年から）・天保暦（一八四四年から）という。明治維新の際に使われていたのは、天保暦だった。

一方、中国では、唐につづく諸王朝（五代・宋・金）も改暦を重ねたが、一二八一年に元で授時暦が作られ、次の明までこれが用いられた。

十七世紀に、カトリック宣教師たちが西洋天文学の知識をもたらすと、それを取り入れた時憲暦が作られ、ちょうど一六四四年に、明に代わった清によって採用された。時憲暦は、一九一二年に中華民国が成立して、グレゴリオ暦を採用するまで使用されつづけた。

時憲暦は、はじめて定気法（二十四節気を、太陽が運行する見かけの黄道上に均等配分する計算手法）を用い、これは日本の天保暦でも採用されている。

つまり、日本のいわゆる旧暦は、最後の天保暦にいたるまでずっと、中国からの知識を移入して定められていたのである。

なお、前節で紹介した閏月問題は、中国の時憲暦と日本の天保暦との性質の違いというよりは、天体観測地点の相違から生じる現象である。

明治六年改暦

このように、暦は、東アジアにおいて王権の威信を示すものだった。毎年の日付は、天文暦法の専門集団が科学的観測とそれにもとづく精密な計算手法によって定めた。その暦を使うこと、その暦に従うことが、国家としての威厳と一体性を意味していた。

それを、明治政府は誰に強要されたわけでもないのに、みずから手放したのである。

別段、西洋列強が「グレゴリオ暦を使わなければ不平等条約の改定交渉に応じない」と脅したり、貿易商人たちが西洋の暦を導入することを陳情したりしたのではない。

また、政府部内に、非合理的な太陰太陽暦（私は決してそうは思わないが）を廃止して、近代的で単純な太陽暦の導入を推進する理論的・思想的な動きがあったわけでもない。

改暦の理由は東西暦法の本質とは関わりない、きわめて表層的なものだった。

政府の財政危機対策だったのである。

明治六年（一八七三年）は、閏月を設ける年回りだった。今と同じく、当時も官吏の給与は月給制だった。ということは、明治六年には十三回分の給与を支払う必要が生じる。しかし、もしこれを十二回にできれば、人件費を一割弱も節約できる……。

政府の中枢にいた大隈重信（おおくましげのぶ）は、苦肉の策として明治五年中の改暦を思いつく。

そして、この年十一月九日に、慎重な事前検討を経ることなく改暦の詔（みことのり）が発布され、十二月三日をもって翌年一月一日とし、以後はグレゴリオ暦を用いることが宣言された。改暦の施行まで一ヶ月足らずという慌ただしさだった。

翌年の給与を減らせるだけでなく、十二月が二日間しかないので、この月は給与を支給しないという、傲慢かつ手前味噌な改制であった。

つまり、政府は、明治五年の十二月と、明治六年の（本来はあったはずの）閏月の、二ヶ月分の公務員給与を節約できたのである。

当然のことながら、この改暦は社会に大きな衝撃と混乱をもたらした。その具体的諸相は、岡田芳朗『明治改暦――「時」の文明開化』（大修館書店、一九九四年）に詳しく紹介されているので、ぜひ参看されたい。

ここでは中国・韓国の改暦と比較して、日本の特質を論じようと思う。

上述したことからもわかるように、そもそもこの改暦に思想的根拠はなかった。たしかに、これ以前から文明開化政策の一環として、グレゴリオ暦採択の検討はなされていただろうが、政府内部でその理論的必然性は認識されてはいなかった。

それにもかかわらず、「財政破綻を当面回避できる」という大隈らの主張が、あっというまに政府首脳の合意事項となったのである。

このとき、いわゆる岩倉遣米欧使節団は、まだ帰国していなかった。岩倉具視・大久保利通・木戸孝允・伊藤博文といった重役たちが、長期海外出張で不在のなか、暦という国家千年の計が一気に決定されたのである。

この鮮やかな段取りは、最近どこかの国の議会で、国防や刑法の大原則を変更する法律改定が、あっという間に行われてしまったのとよく似ている気がする。遠慮と忖度から、慣れない婉曲表現を使ってしまったが、はっきりいえば「どこかの国」ではなく、この改暦をしたのと同じ国だ。昔も今も政府は、騙し討ちに近いやり口をするものである。

グレゴリオ暦への移行までの一ヶ月、改暦に強く反対する政治運動が盛り上がることもなく、ただ粛々と、ただし、かなりの混乱をともないながら、この決定事項の実現準備が、朝野をあげて進められた。一度決定したことを、後戻りしたり再検討したりすることなく、不平不満を言いながらもみなで邁進していってしまうのも、この国の国民性なのだろうか。

明治改暦当時、在野の開化論者だった福沢諭吉は、すばやく改暦賛成の意を表したひとりだった。彼は『改暦弁』（一八七三年）を著し、得意のわかりやすい文章で国民に改暦を納得させようとした。

中国がグレゴリオ暦を採択するのは、一八九五年に日本の統治下に入った台湾を除けば、一九一二年の中華民国建国時である。

これは、共和政という国制の大変革にともなうものであり、帝政との訣別を象徴的に示す点で、意義のある改暦だった。

中華皇帝の王権を支える二つの柱、「天下はすべて皇帝が統治すべく、天から委ねられている」という空間支配理念と、「皇帝は人々の時間の分節化を決定する」という時間支配理念の、その後者の手段が暦の制定だった。皇帝権力が二度と蘇ることのないようにするには、太陰太陽暦を廃止して、西洋と同じ暦を使うようにすることは有効な手段だったろう。

ただし、民間の行事は旧暦で行われた。旧正月（春節）や盂蘭盆（中元節、旧七月十五日）は、公式な改暦とは別に、一族にとって重要な日付でありつづけて現在にいたっている。なお、墓参の日とされる清明節（一六三頁参照）は、太陽年による二十四節気の一つで春分の次だから、グレゴリオ暦採用によってむしろ毎年固定され、四月五日前後となった。

韓国では、日清戦争後の乙未改革（乙未は一八九五年の干支）で、日本に倣ってグレゴリオ暦導入が決まった。

ただし、日本のように、早急に民間にまで浸透させることはせず、徐々に変更していく方針をとったため、充分普及する前に一九一〇年の日韓合邦を迎えてしまったらしい。

日本統治下では台湾同様、グレゴリオ暦が施行され、刑事罰をともなう強制によって、家庭行事や民間行事もすべて新暦で行うことが強要された。

光復（日本からの独立）後は、公的にはグレゴリオ暦を使用するものの、民間行事は旧暦での挙行が一般的となる。

今も旧正月（ソルラル）と旧八月十五日（チュソク）には、遠方の家族も帰省して一族が集まる習慣が続いている。

中韓両国とも、近年は日本同様に一族の紐帯は希薄化しているようだが、それでも行事の日付は変わらず旧暦である。

こうしてみると、七夕を梅雨の最中に祝うわが国の風習の滑稽さが、ひときわ目立つ。七夕だけではない。梅花を観賞しながらの桃の節句（三月三日）、促成栽培の菖蒲を湯にひたす端午の節句（五月五日）、残暑厳しいなかの菊の節句（重陽の節句、九月九日）もまた、この改暦がもたらした喜劇的慣習である。

仙台七夕が、月遅れにすることで、季節とのずれを解消していることは本章冒頭で紹介したが、その場合も、月齢との食い違いは如何ともしがたい。

七夕とは、上弦の月が夜空に輝くなかで始まり、夜半に月が西に沈んで暗くなることによって、彦星・織姫が相対的に一段と明るさを増す風情を味わうものだったはずである。グレゴリオ暦八月七日固定では、年ごとに月齢が異なってしまい、こうはならない。

なかでも、満月と重なろうものなら、たとえ梅雨雲や台風の雲を免れたにしても、一晩を通して月の明るさに押され、肝心の主人公たち（彦星と織姫）は目立たない。平成二十九年（二〇一七年）は、まさにそうした年でもあった。

盂蘭盆会（うらぼんえ）も七月十五日だから、旧暦で行えば毎年かならず満月かそれに近い日だった。というか、そもそも季秋（第三章参照）の満月の日を「中元」と呼び、死者を祀ったのである。仏教が中国に伝来すると、この日を祖先祭祀の日とし、仏教用語を用いて盂蘭盆と名付けたのだ。日本では「お盆」として、正月と並んで親族が集う重要な日になった。

これほど民俗的に大事な日を、単純に八月十五日の敗戦記念日に重ねて死者を想えばすむという問題ではなかろう。

各種の節句にしても、桃の節句は三日月と、端午の節句はそれよりやや太い月と、重陽の節句は上弦すぎの月と、それぞれ一緒になって、はじめていにしえの風情が味わえるのである。なにせ、わが国は「神武創業」以来、ずっとそうしてきたはずなのだから。

伝統文化を正しく継承することを声高に叫ぶのであれば、他の何にも増して、明治の改悪を排除すべく、まずは旧暦の復活から取り組むべきではなかろうか。同志たちの奮起を切に願うしだいである。

第六章　元号

元年春王正月

元号（げんごう）は、東アジア独特の紀年法である。

古代オリエントなどでも、「何々王の治世の第何年」というような表現で年代表記することがあった。だが、王の名前とは別に、特別な名称を時間に賦与し、しかも同じ王の在位中に何度もこれを変えるという事例は、寡聞にして知らない。

中国でも、もともとは「何々王の（治世の）何年」という言い方だった。たとえば「周の平王の二年」というような表記であった。

ただし、「平王」という呼び方は諡（おくりな）、すなわち当該の君主が亡くなったあと付けられた呼び名だから、同時代的には「今の王の二年」とされていただろう。各地の侯国は、そこの君主の在位年で年を数えたらしい。

かの『春秋』（二一三頁参照）が、それを証している。

隠公元年春王正月。

則堂先生春秋集傳詳說卷第一
隱公上　名息姑惠公之子母聲子惠公繼室以周平王四十九年立
元年
元年者因魯史之舊文也或曰諸侯紀元古歟曰
非古也人君即位之始年書元年天子事也故曰
體元以居正諸侯人臣也受命於天子以君其國
居位之年可一二數而不可以稱元年也王道衰
而諸侯國自爲元諸侯之僭也曰春秋書元年其
與魯以紀元乎曰不與也夫子魯人因魯史而脩
春秋不存魯之元年無以紀事非爲魯得紀元而
爲之書元年也故下文即書王正月以正之正朔
春秋詳說卷一　一　通志堂
必自王者出諸侯人臣必無紀元之理其著義甚
明也爲公羊之學者亦知惟王者然後改年立號
但不當爲黜周王魯之說怪誕不經學者不必爲
之惑可也詳著其義於綱領明五始
春王正月
春者何夏正之寅卯辰也正月者何建寅之月也
王正月者何著百王不易之正在此建寅之月也
前此作史者未有書年書時而繫之以正月者至
夫子脩春秋年之下繫之以春春之下繫之以王
正月夫子所以行夏之時也顏淵問爲邦夫子告
之以行夏之時乘殷之輅服周之冕樂則韶舞行

図６の１　家鉉翁『春秋集伝詳説』の巻頭（通志堂経解本）

二百四十二年間（前七二二～前四八一）の年代記は、この文言で始まっている（図６の１）。

隠公（いんこう）は（周公旦（しゅうこうたん）の子の伯禽（はくきん）を初代として）、魯（ろ）の第十四代の君主。先代恵公（けいこう）の庶長子（側室から生まれた中で最年長の子供のこと）で、嫡子（正妻の子）たる弟（のちの桓公（かんこう））が成長するまでの中継ぎとして、魯侯となった。

そもそも、隠公が正規の君主だったかどうかというところから、春秋学（『春秋』を儒教教義が記された経典として解釈する学術）の議論は始まる。彼は、あくまでも摂政として魯の政治を取り仕切ったのであり、それゆえいずれは弟にその地位を譲るつもりでいた。

ところが、弟の桓公は、本来自分が即くべき侯位を兄が僭主として奪ったと誤解した。また、この疑心暗鬼を助長せんとする一部の臣下たちの画策もあって、隠公は桓公一派によって暗殺されてしまう（前七一二年）。

春秋学では、『春秋』は、この血なまぐさい御家騒動を記録することで、この事件に象徴される、周の政治秩序が崩壊していく過程を描いたと解釈した。

隠公が、父恵公の死を承けて、君主として政務を執り始めたその翌年が、「元年」である。このように、年を踰えてから新君主の時代として紀年する方法を、踰年改元という。

単なる「一年」ではなく、第一年のことを「元年」と表記するのも、君主の交代によって時間が更新され、もう一度「元」に復る事態（復元）を象徴する。

否、「象徴する」というのは、近代的感性による比喩的な表現にすぎない。当時の人たちにとっては、年の数え方を最初からやり直すことによって、時間そのものを元に戻し、世の中を復元することを意味していた。

「何年」という表記のあとには、季節の表示が置かれる。春夏秋冬の四季がはっきりとしている、温帯モンスーン地帯ならではの発想だ。

そしてその次に「王」という字が見える。

これは、通常は天子たる周王を指すとされるが、春秋学の一流派は、「すでに周王が権威を喪失しているのを実見した孔子が、来るべき未来の王朝のために、仮に魯侯を王に見立てたもの」と解する。

いずれにせよここで用いている「王」という概念は、地上の人間世界を統治する帝王のことであり、暦の制定権者のことでもあった。

その王が定めた暦によって、歳首（さいしゅ）（年のはじめ。二五三頁で後述）と月名が決まる。「正月」とは歳首の月を指す。『春秋』では、正月に続いて、記事を書く前にそれが生じた月の序数を記す際に、二月から始める年が多いので、この「正月」は一月のことを意味すると解釈されている。（このまだるっこしい説明が論理的に必要な理由は、後述する。）

王は、一月を歳首に置く暦を作った。それゆえに、引用では「王」字につづけて「正月」と記すのである。

『春秋』では通常、このあとに「甲子（こうし）」などの干支表示で日付を表し、次にその日に起きた事件を短文で記録する。

たとえば「秋八月庚辰、公及戎盟於唐（隠公と西方の異民族とが唐において盟約を結んだ）」のように。

なお、この唐は当時の小国で、ここでは地名として使われている。西暦七世紀に誕生する唐王朝の名称は、高祖（李淵）の父李昞が、この唐の近辺とみなされていた地に公爵として封じられたことに由来する。

『春秋』は、元年を即位翌年に当てている。ところが、踰年形式によるこうした紀年法は、当時の実相ではないという見解がある。

中国史家の平勢隆郎は、次のように説明する。

司馬遷は、彼の頃の紀年法である踰年形式が、古くから使われていたと思い込んで『史記』の年代表記に用いてしまった。しかし、実際の紀年法は、新しい君主が即位したその当年を元年とする方式だった。踰年形式は、斉国（山東省）が始めたもので、ここで『春秋』が編纂され、春秋学が成立した。司馬遷は、その系譜に属する董仲舒という高名な学者から春秋学を学んだため、この紀年法が秦以前の実際のやりかたと思い込んでいた。そこで、漢代のやりかたを遡って適用してしまうことになったのだ、と（『史記』二二〇〇年の虚実』、講談社、一九九五年）。

これは、現時点でのやりかたを過去に遡って誤用したもので、そのために君主の代替わりがあるたびに、『史記』の記述と実際とが一年ずつずれていく。

その結果、不可思議な事態が生じ、古来、難問とされてきた。

すなわち、秦の始皇帝による天下統一がなされた年（西暦表示で前二二一年）にも、なおいくつかの侯国が存続していたことになり、衛にいたっては始皇帝の次の二世皇帝のときに、ようやく亡びた（前二〇九年）ことになるという一件である。

平勢によれば、これは紀年法の誤解と混乱によるもので、戦国時代には踰年せずに、新君主に交代したその年を元年としていたとすれば、衛も始皇帝のときに亡びたことになるという。

この説の当否の判断は保留したいが、少なくとも司馬遷が活躍した時代には、踰年形式による紀年法が常識だったことはまちがいない。

司馬遷が活躍した時代。それは漢の武帝の治世に他ならない。

武帝は景帝の子で、母の王氏が、皇后薄氏に代わって皇后となるに及んで、皇太子となる。景帝は、後元三年（前一四一年）に崩じ、武帝が数え年十六歳で即位した。（「後元」については、あとで説明する。）

そして、その翌年、西暦前一四〇年にあたる年が史書に建元元年と記録されており、これが元号の始まりである。ただし、実際にこの元号が使われたわけではない（二四五頁参照）。

その後、中国では宣統三年十二月（一九一二年二月）の溥儀の退位による清朝の滅亡（厳密には康徳十二年〈一九四五年〉の満洲国皇帝溥儀の退位）をもって、元号が消滅し、韓国では隆熙四年（一九一〇年）に、ベトナムでは保大二十年（一九四五年）に、それぞれの皇帝が退位して以降、わが日本国にのみ元号が存続している。

元号は、武帝が「建元」という元号を始めてから二千百六十年になんなんとする、世界無形文化遺産に登録されてしかるべき伝統文化である。もはや東アジアでも、日本一国だけに辛うじて生き残っている絶滅危惧種なのだ。

元号創建事情

元号創建の事情は、司馬遷のさらりとした記述とは異なって、なかなか複雑であった。『史記』で、武帝の治世のできごとを記していたはずの本紀は、いろいろと差し障りがあったために封印されて消失した。

代わりに、武帝が天の最高神を泰山で祀った封禅の経緯を伝える「封禅書」を写すかたちで、現在の「孝武本紀」（武帝の治世を記録した巻）が、司馬遷よりものちに新しく編集されたとされている。

そうした事情からだろうか、武帝が元号を定めた経緯は、『史記』では語られていない。

班固の『漢書』でも、その「武帝紀」は、即位とそれにともなう皇太后・皇后の称号改称——皇太后を太皇太后に、皇后を皇太后にそれぞれ格上げする改称をしたこと。ちなみに、「上皇后」などという珍妙な呼称は、中国・韓国・ベトナムの皇室の歴史にはいっさい登場しない——の記事につづけて、「建元元年冬十月」のこととして、代替わりにあたって詔書が発布されたと記録するのみで、元号創設の経緯・由来にはまったく言及していない。

じつは、建元という元号は、そのときにそう名づけられたわけではなく、あとから遡っての命名であったといわれている。

十一世紀なかば、宋の劉攽（りゅうふん）に『両漢刊誤』という書物がある。のちに同じく宋の呉仁傑（ごじんけつ）が『両漢刊誤補遺』を著し、十八世紀に乾隆帝が編纂させた四庫全書に収録されて、今に伝わっている。

劉攽の考証によると、武帝が実際にその時点で使用した最初の年号は、建元ではなく元鼎（げんてい）だったという。なぜかというと、「孝武本紀」に、元鼎より前の元号名称が建元のような漢字二字ではなく、単に一、二、三と序数で呼ばれていたことを示唆する記録があるからだ。

元鼎四年（前一一三年）六月に、山西省の汾陰に設けた后土祠（大地の神を祀る施設）の近傍から、太古の鼎（通常三本の脚がついた金属製の器。王侯の祭器や礼器とされたことから、王権の象徴となった）が出土発見された。

当時の人々は、これを「宝鼎」とみなし、天下太平を天が寿いだ祥瑞、めでたいしるしであるとした。そこで、はじめて時間にも鼎と名付けて、記念することにしたというのだ。

劉歆と同世代で、交流もあった司馬光（戦国時代以降の通史的年代記『資治通鑑』の著者）も、この説に賛同している。

宋代における実証史学の精華というべき、史実の解明であった。

では、なぜ宝鼎発見の年が「元鼎元年」ではなく、「元鼎四年」なのか。

その理由は、武帝の祖父で先々代の皇帝だった文帝のときに遡る。

文帝は、初代高祖――劉邦のこと。正確には劉氏一族での廟号は太祖、皇帝としての諡は高皇帝であり、高祖はいわば俗称にすぎない――の子で、高祖の皇后であった呂氏とその一族による専横を、クーデターで打倒した一派に擁立されて即位した。

『史記』や『漢書』の記事を信用するならば、儒教的な秩序の構築につとめ、春秋戦国時代に途絶した（と当時の学者たちによって解釈されていた）周の盛期の諸儀礼を復興した。

たとえばその一つとして、『漢書』の「文帝紀」には次の記事がある。

十三年春二月甲寅詔曰、朕親率天下農耕以供粢盛、皇后親桑以奉祭服、其具礼儀。

（訳）

十三年春二月甲寅に詔して曰く、朕親ら天下を率いて農耕して以て粢盛を供し、皇后は親桑して以て祭服を奉ぜん、其れ礼儀を具せよ、と。

これは、第一章で紹介した籍田と親蚕のことである。

このように、儒教儀礼を復元したことから、文帝は名君として讃えられ、唐の太宗とならんで顕彰された。

ただ、彼も、晩年になってやや政治に倦み、ある宗教家に惑わされて呪術にはまる。新垣平という名の人物である。

彼については、方術家とされて、正統の儒教からは異端視されてきたが、むしろ当時の儒家思想の主流に属す人物であったとみなす見解が、最近になって提起されている（福島大我『秦漢時代における皇帝と社会』、専修大学出版局、二〇一六年）。

『漢書』「文帝紀」によると、文帝は十六年（前一六四年）の九月に新垣平の手を通じて、翡翠製の盃を入手した。そこには「人主延寿」（君主が寿命を延ばす）と刻まれていた。喜んだ文帝は、天下万民に食事をふるまい、翌年改元することを宣言する。

そして、翌年は「十七年」ではなく、ふたたび「元年」となった。しかし、私たちが使う元号のような名称はまだなく、単に「元年」であった。その翌年以降は二年・三年等と表記される。

ただ、これでは史書の記録には不便が生じる。そこで『史記』は改元の年に「元年」としたあと、「後二年」や「後六年」、『漢書』では「後元年」のあとは「二年」・「三年」等と記し、後世、これをもとにあたかも元号が存在したかのごとく、「後元元年」・「後元二年」等と呼びならわしている。

なお、この改元直後の十月、新垣平の所説は詐術であったと告発する者があり、文帝もこれに同意して、彼とその一族をことごとく誅殺した。

ただ、改元による紀年自体は、その七年目（前一五七年）に文帝が崩御するまで続いた。代わって即位した景帝も、在位途中で改元している。しかも二回。

史書は、これらを区別すべく、前・中・後を冠して呼ぶ。現在では、「景帝の中元三年」

というような表記が行われている。前元は七年、中元は六年、後元は彼が崩御する三年までだった。景帝のときの改元理由は記録に遺(のこ)っていない。

こうして武帝が即位する。したがって、彼も、即位してから踰年改元し、そうして六年を経た七年目を二度目の元年とし、さらにその六年後を三度目の元年とし、……というように、何度も改元を重ねていった。

彼の場合の特徴は、一回のサイクルが六年周期だったことで、これはおそらく術数学（特定の数に神聖性を認め、世界を数によって解釈することで予言を行ったりする学術）に由来する。

当時の術数学レベルの複雑な理論を借りずとも、私たちの初等算数の知識をもってすれば、六という数が、時間を計る際の基数の一つであることが理解できよう。この数は、一年の月の数の半分であり、かつ一ヶ月の約五分の一の日数にあたる。そして、基礎的な素数たる二と三を掛けた積でもある。

武帝は、即位してから六年刻みでの改元を繰り返していた。後年、これらに彼が付けた元号の名称は、建元・元光(げんこう)・元朔(げんさく)・元狩(げんしゅ)・元鼎である。そして、この元鼎のめぐりの四年目に、宝鼎発見事件があり、これを期に、そのめぐりの年を「元鼎」と命名したのだった。さらに遡って上記四つの元号名称を定めた。

当該年自体においては、「元光四年」などとは呼ばれていなかったわけだが、君主の名を後世の私たちが呼ぶときには、本名の「劉徹」ではなく、諡号の「漢武帝」と称するのと同じことである。諡（贈り名）をもじっていえば、「おくりどし」とでも言えようか。

これ以後、その時その時に、その名称どおりのものが用いられた元号の歴史が始まる。

武帝は、元鼎六年の次の年を元封と改元した。これは泰山での封禅実施を記念した名称である。

元封までは規則正しく六年間ずつだったが、その後は四年ごとの改元となり、太初・天漢・太始・征和とあって、その次の後元の二年（前八七年）に、武帝に死が訪れる。

この武帝のときの「後元」元号についても、当時からそう呼ばれていたわけではないとする解釈が、古来提起されている。

そもそも、文帝にせよ景帝にせよ、自分で「もう朕の人生も長くないから、これが最後の改元じゃろう」と考えて「後元」としたわけではない。このふたりについては、崩御ののち、史家がそう名づけたのであった。景帝の場合に、前元・中元・後元ときれいに三つ揃ったのも、本人が最初から意識したせいではなかった。

そうしてみると、元鼎以降、まさにそのときに使っていた元号に漢字二字の美名を用いている武帝が、いくら歳をとってそろそろ死期の近いことを察していたにしても、みずから「後元」などという元号を定めたとは考えにくい。

仮に、彼が自分からそう言い出したにせよ、周囲の官僚・御用学者たちが、へつらいや忖度を交えて、それを思いとどまらせただろう。また、官僚たちの方からそのような提案を、武帝に向かってするはずもない。征和の次の元号が「後元」だったとは信じられない。

そこで、納得のいく解決策の一つとして、これは「征和後（せいわご）」という名称の元号だったのではないかという推測が、なされている。

ただ、元号創始者である武帝が、すでにこのような複合元号まで創出していたかどうか。ことによると、武帝時期の元号は、元鼎以降も含めて、次の改元がなされてから決められた名称であり、当該元号で呼ばれる年においては実際には何も冠せずに、「三年」等と称されていた可能性もある。武帝当時の出土史料（竹簡など）が発見されれば、問題は解決するだろう。

それはさておき、武帝の次の昭帝も、即位翌年の始元（しげん）が六年、元鳳（げんぽう）が六年、そして元平（げんぺい）と、三つの元号を使用している。元平元年四月に昭帝が崩ずると、二十七日間は昭帝の甥の劉（りゅう）

賀が皇帝に在位した。

ところが、彼は、その粗暴な素行から臣下たちによって廃位に追い込まれ、武帝の曽孫にあたる宣帝が即位する。

宣帝は、踰年改元して本始としたあと、時に四年、時に三年、時に五年と、不規則な間隔で改元した。

以後、慶賀すべきこと（祥瑞）や天変地異（災異）が生じた際に、時間を更新する目的で改元が行われるようになった。

三国時代には、魏・呉・蜀がそれぞれ独自の元号を定め、地方勢力や周辺諸国に、その使用を求めた。したがって、どこの元号を使用するかで、その集団がどの王朝に政治的に従属しているかがわかる。王朝並存時には、元号は一種の踏み絵の役割を果たした。

やがて周辺国も自国内を統治する術として、独自元号を建てるようになり、高句麗では好太王（広開土王）が、四世紀末に永楽という元号を建てていた例などが、史料に遺っている。新羅は、五三六年に建元という、漢の武帝のものと同一名称の元号を建てた。

日本が、これらに遅れて六四五年に大化という元号を建てたことは、日本国内では広く知られた国民の常識となっている。（ただし、あとでその史実としての検証を行う。）

歳首問題

ここで本題からは外れるが、読者のなかに疑問をもった向きもあるかと思い、漢の武帝の時代について、蛇足の虞れがあるけれども付言しておく。

歳首の問題である。

歳首、すなわち一年の開始月はいつだろうか。

この設問自体、私たち後世の人間にとっては奇妙なものだろう。年の最初の月は一月であり、始まりを表す面から正月とも呼ばれると、一般には思念されているからだ。

しかし、本来、一月と正月は同義語ではない。一月とは、春のはじめの月、二十四節気のなかの雨水が含まれる月、天文学上からは、北斗七星の柄が寅の方角（およそ東北東）を指すので、建寅月と呼ばれる月（二五七頁参照）のことである。

一方、正月とは、その年のはじめの月のことで、必ずしも一月とはかぎらないと、儒学者の一部は考えていた。実際、秦では、十月から新年が始まる暦を用いていた。これを「十月歳首」という。

つまり、秦では、毎年十月に次の年になる（たとえば、始皇帝の二十九年が三十年に変わるというように）。

その次の月は、十一月である。新年になってから三番目の月が十二月、四番目が「一月」だ。以下、二月・三月と順次進み、九月が終わると年が変わって、十月から新年が始まる。

秦の始皇帝が十月を歳首と定めたのは、『史記』秦始皇本紀によれば、五徳終始説を採用したからである。しかし、実際には、もっと前から秦では十月歳首だったらしい。また、ややこしく理解に苦しむかもしれないが、史実としては秦は十月を「正月」とは呼んでいない。

五徳終始説とは、前三世紀前半に鄒衍（『史記』では騶衍）が確立した、五行思想にもとづく王朝交代理論である。

世界のあらゆるものは、五行（木・火・土・金・水）によって成り立ち、また時間的には、五行の交代によって存続している。

人間の内臓五つ（肝・心・脾・肺・腎）も、この順に木・火・土・金・水に分属する。また、精神機能でいうと、貌・視・思・言・聴が五行に配当される。自然界では、空間的に東・南・中央・西・北が、時間面では、季節の運行として春・夏・土用・秋・冬が、この順に配当された。

王朝も、それぞれ五行に配当される性格を具えており（これを「徳」と称する）、そのしかるべき順序に従って交代していくというのが、五徳終始説である。

この場合の徳は、この字の原義である「いきおい」、英語の virtue のことで、その盛衰が王朝の栄枯をもたらすとされた。

なお、五行の順序は何通りかある。

いま説明した順序を、相生（そうせい）説とよぶ。木から火が生じ、燃え尽きると土（灰）になり、土のなかから金属が採れ、金属が水を生み（ここの説明は苦し紛れだが）、水が木を育むという、五つの元素の生成順による。

他に、『尚書』（五経の一つ「書」のこと）洪範篇は、水・火・木・金・土の順としていた。

もう一つ、相剋（そうこく）説（または相勝説）と呼ばれるものがあり、木・金・火・水・土の順に変化するとした。木は金属（斧）に伐られ、金属は火で熔かされ、火は水で消され、水は土（堤防）でとどめられ、土（地面）は木によって破られる。

秦の始皇帝は、この相剋説を採択していた。そのため、秦は火徳の周に代わって水徳なのであり、シンボルカラーは水の色である黒、象徴たる聖数は、水の数とされた六と定められた。歳首が十月とされたのも、『史記』の記述に従えば、これによっている。ただし、実際には別の理由だろう。

漢王朝が成立しても、武帝期途中までの約百年間は秦の水徳をそのまま継承し、十月歳首が行われていた。先述の新垣平は、気を観測した結果、徳は移行しているのだから、暦やシンボルカラーを変更することを力説していたが、結局受け入れられず、かえって詐術を説いたとして誅殺された（二四八頁参照）。

こうして武帝期を迎える。

武帝は、太初元年（前一〇四年）の五月に、太初暦を制定して暦を改める。この半年前の十一月が朔旦冬至（さくたんとうじ）だったことが、新しい暦の起点にふさわしいと、暦の専門家たちが主張したからであった。また、あわせてこれをもって、漢は秦（水徳）の次の土徳であるべきだとし、五行の変更がなされた。なおその後、前漢末期には、相生説への変更と過去の王朝に対する見方から、漢は火徳ということになる。

「朔旦冬至」とは、月の最初の日（朔日＝ついたち）のうちに、天文学上の冬至を迎える現象のことで、前一〇五年にあたる年は、その朔旦冬至だった。そこでここを起点にして、月齢と太陽年とを調整する計算上の数値が算出され、聖数八十一（三の自乗たる九のそのまた自乗）を基数に、暦が定められた。このなかで、歳首が十月から一月に移されたのである。

そのため、太初元年は、以前の暦による歳首十月から始まって、もう一度十月を迎え、十二月にいたる、あわせて十五ヶ月の年となった。

これ以降、中国では原則として一月歳首の暦が使われた。「原則として」というのは、時折、経書解釈理論の流儀から、別の月を歳首とすることがあったからである。

一例として、三国時代の魏の明帝は、景初元年（二三七年）に歳首を一月から十二月に変更した。

これは、後漢が用いていた建寅月（けんいんげつ）歳首に代えて、建丑月（けんちゅうげつ）歳首を採用したものである。

「建」とは、ここでは北斗七星の取手が指しているという意味。寅・丑といった十二支で方角を表したので、丑（北北東と北東の間）をさすのが建丑月、寅（北東と東北東の間）をさすのが建寅月（二五三頁参照）の意味である。

魏の明帝のときには、従来の三月を四月に改めるというように、序数による月名表示も、すべて一つずつずらした。したがって、「一月歳首」という意味では変更がない。その根拠は、『春秋』の月名は、周が用いた建子月（けんしげつ）（北斗七星が真北をさす月）歳首であるはずなのに、その「正月」は他ならぬ一月らしいから、というものである。

この『春秋』における月名表示問題は、その後、十八世紀の清朝考証学者たちにいたるま

	二十四節気の中気	夏暦（人統）	殷暦（地統）月名無変更	殷暦（地統）月名を変更（魏明帝方式）	周暦（天統）（『春秋』記法解釈の一説）
		建寅月歳首	建丑月歳首	正建丑月歳首	建子月歳首
建子月	冬至	十一月	十一月	十二月	正月
建丑月	大寒	十二月	正月	正月	二月
建寅月	雨水	正月	一月	二月	三月
建卯月	春分	二月	二月	三月	四月
建辰月	穀雨	三月	三月	四月	五月
建巳月	小満	四月	四月	五月	六月
建午月	夏至	五月	五月	六月	七月
建未月	大暑	六月	六月	七月	八月
建申月	処暑	七月	七月	八月	九月
建酉月	秋分	八月	八月	九月	十月
建戌月	霜降	九月	九月	十月	十一月
建亥月	小雪	十月	十月	十一月	十二月

図6の2　歳首と月名表記

で、歴代の経学者を迷わせた難問だった（新田元規「宋元春秋学における『以夏時冠周月』説」、『日本中国学会第一回若手シンポジウム論文集』、二〇一二年）。

魏ではその後、司馬懿が実権を握ると、建寅月歳首に戻している（図6の2）。

また、唐の粛宗は、上元二年（七六一年）に十一月歳首を採用し、元号も廃して単に「元年」とする改元を行った。ところがその五ヶ月後の四月に彼は崩じ、後を継いだ代宗が即座に宝応という元号を建て、歳首も一月に戻した。

前述の魏の明帝は、邪馬台国の女王卑弥呼が遣使朝貢した相手であり、唐の粛宗は玄宗の子で、遣唐使留学生として渡った阿倍仲麻呂が、朝衡（ちょうこう）という中国名で仕えた君主である。

暦学は、いわゆる律令時代に王権を権威づけるため、留学生たちによって積極的に学ばれ、なかでも吉備真備（きびのまきび）は、帰国後その成果を活かしている。

だが、歳首問題は、当時の日本人には理解・消化が難しかったのだろうか、『日本書紀』がまことに天真爛漫に、神武天皇即位を一月歳首の正月朔だとして以来、歳首変更の議はなされた形跡がない。

大化元号

日本史上最初の元号は大化だとされてきた。さすがの『日本書紀』も、中国で漢の武帝が発明するより以前には、天皇に元号制定という挙行（虚構）はさせていない。

皇極天皇の四年（六四五年）六月十二日、宮中の天皇の面前で暗殺事件が起きた。殺されたのは、当時権勢を恣（ほしいまま）にしていた蘇我入鹿（そがのいるか）。

日本史上、実質的な首相が暗殺された事例は、桓武天皇のときの藤原種継（ふじわらのたねつぐ）、鎌倉の将軍源実朝（みなもとのさねとも）、安政の大老井伊直弼（いいなおすけ）、明治の大久保利通（おおくぼとしみち）、大正の原敬（はらたかし）、昭和の犬養毅（いぬかいつよし）と数多いが、天皇臨御の場で堂々と行われたテロ行為は、今のところこの事件だけである。

『日本書紀』によると、中大兄皇子（のちの天智天皇）と中臣鎌（のちの藤原鎌足、「鎌」一文字が名だとするのは、青木和夫の説）らがあらかじめ示し合わせ、この日に宮中で三韓（高句麗・百済・新羅）の朝貢儀礼があると称して蘇我入鹿をおびき出し、その場で刺殺した。ついで翌日には、彼の父蘇我蝦夷も自殺に追い込まれ、蘇我氏の馬子流は滅亡する。

そして十四日には、皇極天皇が生前譲位して、弟の軽皇子が即位する。孝徳天皇である。なお、これが『日本書紀』の記載するところによれば、史上はじめての天皇の生前譲位であった。前例がまったくない生前譲位を、このときは、そのきっかけとなる事件が生じたわずか二日後に実現したことになり、その手際よさには驚かされる。

まだ歴史が浅く、そのためにさまざまなしきたりやしがらみが無かったために、有識者会議やら民選議会やらの場で、侃々諤々の議論を行う必要が無かったからであろう。

そして六月十九日には、大化という元号が制定され即日施行される。

『日本書紀』では、この日のことを天豊財重日足姫天皇（皇極天皇の和風諡号）の四年を改めて、大化元年としたと記す。

ただこれだけで、なぜ元号という異国の制度を急に導入したのか、なぜ大化という語を選んだのか、どういう手続きで元号が布告されたのか等、これも今なら大きな議論を呼ぶであろうと思われる諸手続きの経緯には、一切言及していない。国家の根幹を変更するにも等しい改制であるにもかかわらず、である。

もしこれが史実とすれば、蘇我入鹿暗殺の企てと同時に、ひそかに元号案が練られていたとでも考えざるをえない。

かつては入鹿暗殺事件からを「大化の改新」と呼んでおり、私も学校でそう教わった。しかし現在では「大化の改新」は、翌年正月元日詔で方針が表明される一連の改革政治を指し、宮中クーデターそのものは乙巳（いっし）の変と呼ばれている。皇極四年の干支が乙巳だったからである。

大化二年（六四六年）の年頭に発布された改新の詔は、『日本書紀』にしかその存在を証する史料がなく、かつ、そこでの用語が、のちに制定された律令を先取しているなどの理由から、この年に実際に出されたものではなく、『日本書紀』で潤色されたとする見方がある。

これに対して、詔の文章そのものは、たしかに後世の書き直しがあるにせよ、ここで政治方針を示す布告がなされたこと自体は、史実として信用してよいとする反論も根強く、今なお決着していない。

考えてみれば、『日本書紀』という史書には、古くは天照大神が瓊々杵に下したいわゆる天壌無窮の神勅（九九頁参照）に始まり、神武天皇が即位の二年前に下した詔令や、推古天皇のときの憲法十七条など、同時代の中国貴族に見せても恥ずかしくない、すばらしい漢文の文章がいくつも引用されている。

そもそも漢字がまだ大陸から伝来していない時代の（それ以前の問題として、まだその頃には日本列島以外の国土の存在が、高天原の神々には知られていなかった頃の）天照大神が、どうやって漢字で「天壌無窮」と発言したのか、不思議ではある。

また、神武天皇は「掩八紘而為宇（八紘を掩いて宇となす＝四方八方をおおって大きな家とする）」とお述べになったそうで、これが八紘一宇ということばの由来である。

この詔が下されたのは西暦前六六二年だから、中国ではまだ春秋時代。中国でふつう「八紘」の初見例とされている『淮南子』や『列子』が書かれるより数百年古い。

つまり、この語は神武天皇が創ったことになる。

私は以上を、いずれも虚構・架空の物語だと考えているが、天壌無窮はさておき、八紘一宇の精神を信奉している国会議員の存在が、平成二十七年（二〇一五年）に彼女自身の国会での発言で明らかになった。

比喩的にいえば、これは某宗教系政党の議員が「南無妙法蓮華経（法華経は偉大なり）」と唱えたり、西洋で流布している宗教の信者議員が「みなさんも死後に神から最後の審判を受けるのです、アーメン」と述べたりするのと同質のもので、神道の宗教教義を自己の信念として披露しただけである。

そのこと自体は信仰の自由で問題ないと思うが、彼女の発言の文脈は、八紘一宇の精神は日本の伝統的な国是だから、今の政府もこれを遵守すべきだということだった。これは、特定宗教の教説を国政の場にもちこんだものではなかろうか。

この発言を批判したいわゆる有識者たちが、もっぱら「戦前の危険な思想の表明」というレベルの問題で片付けようとしたことに、私は強い違和感を覚える。

そうではない、これは特定宗教の教説であるところに問題が存するのだ、と。

神道教義と歴史的事実とは、国政の場できちんと区別されなければならない。それが政教分離の大原則である。このことは、某宗教系政党の議員諸氏のほうが、きちんと守っているように私には見える。

自分の個人的な信仰を、国政で主張すべきではない。たとえそれが日本古来の土着宗教だと自称している神道であっても。

八紘一宇が建国の精神だったというのは、『日本書紀』を典拠とする神道の教義にすぎない。自分が信じる宗教教義のすばらしさを国会の場で喧伝して、首相や大臣たちにその遵奉を迫るのは、現行憲法の精神に反する行為であろう。彼らが思想信条としては改憲派であるにしても、「改正」（もしかすると「改悪」の可能性もある）前には自制すべきだろう。

憲法といえば、その語源である「憲法十七条」も、『日本書紀』の推古天皇紀に見える（そして、ここだけが史料的根拠となる）文章である。

冒頭の「以和為貴（和をもって貴しとなす）」からして、『論語』の「礼之用和為貴」や『礼記』の「礼之以和為貴」とよく似ているように、中国古典の文言を典拠とする語句をちりばめた、典雅な漢文で作成されている。

その制定者だとされてきたのは聖徳太子。「以和為貴」に彼の独創性が表れていると高く評価されたりしているが、これも太子信仰という一種の宗教であって、文献実証主義に反する。以和為貴は、天壌無窮や八紘一宇と同じ性質の宗教教義というべきもので、しかも、これらいずれもが、日本語（やまとことば）ではなく中国語である。

元号の話に戻ろう。

日本では中国と違い、元号制度が始まったあとにも無元号の期間が存在する。

大化が六年間つづいて白雉と改元された（六五〇年）が、白雉五年（六五四年）に孝徳天皇が崩じて斉明天皇の重祚（皇極天皇の再即位）がなされると、以後、斉明・天智・天武・持統の四代にわたり、元号は制定されていない。天武天皇の最後の年（六八六年）に二ヶ月間だけ朱鳥が使われたようだが、天皇崩御で廃止となった。

この四代の天皇たちは、まさに律令国家を建設していった中心人物であったにもかかわらず、である。この元号空白の理由は、史料からはまったくわからない。

記録上は、朱鳥以来十五年ぶりに元号が復活したのが、大宝元年（七〇一年）のことだった。この大宝という語は、対馬から金が献上されてきたことを寿いだものとされる。

ただ、この年は、国家にとって金以上に重要な宝物が完成した年でもあった。律令である。後世、他の時期のものと区別して「大宝律令」と称されることになる法典だ。

そして、これ以降、平成の御代に至るまで、皇室衰微の戦国時代においてさえ、一年も欠かさずに元号が制定されている。

大宝二年（七〇二年）に派遣された遣唐使が、中国の人たちに語ったという「日本」国号

（『旧唐書』などの記載による）、奈良県飛鳥の地から発掘された、当時の現物史料から確認される「天皇」という君主号、そして元号と律令。この四つを揃えることで、わが国は中国風の王朝国家体制を完成させた。

元号は日本でも王権を権威づけるもの、時を支配する道具として、それ以来ずっと天皇とともにある。武家政権が実権を握った時期にも、元号の発布は、名目上はあくまでも天皇の権能だった。実際には、将軍代替わりにあわせて改元される場合であっても、京都の宮中では、天皇による改元の発議と貴族たちによる新元号選定作業が行われた。

明治維新となり、幕府から政治の実権を取り戻すと、改元が天皇の専権事項として再定置されたことは言うまでもない。

現在、元号制定権が、国家のなかのどの機関にあるのかは、法律上明確ではない。元号法第一条には「元号は、政令で定める」とあるだけで、その制定手続きは明記されていない。

昭和天皇の崩御にあたり、早速当日（昭和六十四年一月七日）に「元号を改める政令」が公布された。崩御前から準備されていた文面だろう。その全文は以下のとおり。

内閣は、元号法（昭和五十四年法律第四十三号）第一項の規定に基づき、この政令を制定する。
元号を平成に改める。
附則　この政令は、公布の日の翌日から施行する。

ここでの改元主体は内閣である。当時は総理府、現在の内閣府が、この政令を所管している。したがって、次の代替わりに際しては、平成元号が無効となる記述にあわせて、新元号を記した政令が発布されるのであろう。

ただし、元号法は、昭和天皇が署名した法律であるから、天皇から権限を委任された内閣が、これを代行して元号を考案・制定しているとも解釈できよう。こうした法律論に著者は疎いのでここまでとするが、今もなお、元号は天皇と不可分のものとして機能している。

もし仮に、天皇が公式に西暦を使うとしよう。それはイエスをメシア（救世主）として認めて、その降臨を寿ぎ、その生誕（降臨）の年を記念する作法である。わが国の天皇が、キリスト教に屈服することを意味する。

もちろん、イスラム教のヒジュラ暦（最後の預言者ムハンマドの聖遷を紀元とする）でも、仏教の仏暦（釈迦生誕年を紀元とする）でも、事の性質は同じだ。

天皇が用いる紀年法は元号以外にありえない。天皇が元号を定め、国民がこれを用いて年を数える。この方式は、中国の王権論が生み出した「時の支配者としての君主」を具現化している。念のため言っておけば、神道の教義によるものではない。

元号は、東アジアが共有していた伝統であり、わが国でだけつづく貴重な遺風、文化遺産なのだ。

祥瑞改元から災異改元へ

大化六年（六五〇年）、穴戸国（のちの長門国、山口県）が、白い雉が見つかったとしてこれを献上してきた。科学的には、突然変異の遺伝子異常によって脱色した生体だろう。

この白雉出現の記録は、中国でも『漢書』のそこかしこに、漢の平帝の元始元年（西暦紀元後一年）にあったこととされている。

この白雉発見と献上は、当時実権を握っていた王莽の解釈では、天が自分を讃えて降した祥瑞だと解釈された。

後漢になってからも、何度か白雉が出現し、朝廷への献上が記録されている（『後漢書』

の光武紀・明帝紀・章帝紀など）。

中国では、白雉は祥瑞、すなわち今が善政であることを示すめでたいしるしとされてきた。八世紀の『日本書紀』編者集団は、彼らがその作業の模範とした中国史書の学習を通じて、このことを知っていた。そこで、これらの前例に倣って、この祥瑞を寿ぐべく、元号を改める。年の途中の二月十五日、大化六年は白雉元年と改称された。

ところが先述したように、白雉五年（六五四年）に孝徳天皇が崩御すると、次の斉明天皇は元号を建てなかった。大化は、孝徳天皇即位で定まったのだから、元号は彼一代でいったん無くなる。そして、これ以後足かけ三十三年間、元号はまったく定められていない。『日本書紀』では、大化以前と同じく「何々天皇の○年」の如く紀年する。（ただし、『日本書紀』段階では、「天武」のような漢風諡号はまだ無かったから、天渟中原瀛真人天皇（あまのぬなはらおきのまひとのすめらみこと）と表記されている。）

天武最晩年の二ヶ月間、西暦で六八六年に相当する年の七月に、朱鳥という元号が定められたが、九月の天皇崩御で廃棄された。

朱鳥改元の理由は明記されていないけれども、おそらくはなんらかの赤い鳥が献上されたことを寿ぐ祥瑞改元（瑞祥改元ともいう）で、白雉の場合と同じであろう。

つぎの持統天皇は、また元号を定めなかった。こうして大宝元年（七〇一年）を迎える。

大宝改元の理由は、先述（二六五頁参照）のとおりである。

これ以降、元号空白の年次は存在しない。

大宝四年（七〇四年）には、宮中でめでたい雲を観測したことを記念して慶雲に、慶雲五年（七〇八年）には、武蔵国の秩父郡（埼玉県）から銅が献上されてきたことをめでて和銅と、いずれも年度途中に改元された。

平城京に遷都して奈良時代になってからも、霊亀・養老・神亀・天平と、祥瑞による改元が続いている。

養老は、元正天皇が美濃国（岐阜県）に行幸して美味な水をめでたこと（養老の滝の起源）、他の三例は、いずれもめでたい亀が献上されてきたことによるものである。

このあとしばらくは、天平のあとに感宝・勝宝・宝字・神護を付した四字元号、その次にも、神護景雲という複合元号が使われた。

光仁天皇が即位した年（七七〇年）には、白い亀の献上にちなんで宝亀、その十二年（七八一年）には、また瑞雲にちなんで天応と改元されている。

ここまで祥瑞にかこつけて、同一天皇の治世中に頻繁に改元されていたが、次の桓武天皇は即位翌年（七八二年）の八月に延暦と改元したまま、在位中の数えで二十五年間、その後は一度も改元しなかった。

なお、延暦とは、具体的な祥瑞を意味する語ではなく、単に「暦を延ばす」だから、桓武天皇が即位したことを予祝的に表現したものだろうか。

ともかく、大化以降はじめて祥瑞ではない元号の採用だったし、二十五年というその継続期間は、十五世紀に応永が取って代わるまで、最長期間を誇った。現在でも、昭和・明治・応永・平成に次ぐ、第五位の長さである。

この改元は、何かそれまでとは異なる原理による可能性も考えられる。

そして、桓武天皇以後の数代も、代替わり改元だけで、在位中に元号を変えることをしていない。すなわち、大同（平城天皇）・弘仁（嵯峨天皇）・天長（淳和天皇）である。

桓武以降の四代は、一世一元だったことになる。

次の仁明天皇は、即位翌年の初めに承和と改元したあと、その十五年（八四八年）に白い亀の祥瑞によって嘉祥と改元し、つづく文徳天皇は、即位後の仁寿の他、斉衡・天安と二度の祥瑞改元をしている。

このあと、清和天皇の貞観、陽成天皇の元慶、光孝天皇の仁和、宇多天皇の寛平と、また一世一元がつづき、醍醐天皇は即位後に昌泰と代替わりの改元をする。

九世紀東アジアは一世一元の時代

このように、平安時代初期のおよそ百年間（延暦〜寛平）は、前後の時期と比べて改元回数が少なく、桓武天皇ら八代で一世一元だった。

このことをさる学会で述べたところ、古畑徹氏（前近代東アジア史）から、「ちょうどその頃は中国でも一世一元が続いていた」という指摘を受けた。さらに、氏が専門とする渤海国の場合も、七一九年から八五七年までの百三十八年間が一世一元だったという（「渤海の年号」、『本郷』一三四号、二〇一八年）。

たしかに、唐の順宗・憲宗・穆宗・敬宗の四代と、一代飛ばして武宗・宣宗・懿宗の三代がまた、一世一元だった。（穆宗は即位直後に永新と改元したが、すぐに撤回。）

飛ばした文宗は、一度だけ祥瑞改元を行っているが、あしかけ十四年の在位期間にこの一度だけというのは、唐王朝の歴代の平均よりもかなり長い。

順宗が、永貞と即位改元したのが八〇五年、懿宗の次の僖宗が、二番目の元号である乾符に改元したのが八七四年である。順宗は在位わずか半年で退位しているので、一世一元とはいえ、これは必然的である。その次の憲宗は、在位あしかけ十六年だから、意識的に改元しなかった可能性はある。彼が元和という元号のまま崩御したのは、八二〇年だった。

日本で、桓武天皇の即位改元（延暦）が七八二年、醍醐天皇が昌泰から延喜に改元するのは九〇一年なので、唐の場合と時期的に重なる。

桓武天皇は、晩年遣唐使を派遣した。これには最澄・空海が同乗して、往復したことが知られ、仏教史上重要な使節団だった。

この遣唐使が、唐の都長安に着いたのが八〇四年、帰国は、最澄らが翌八〇五年、空海らが八〇六年だった。したがって、最澄は順宗即位までしか知らないが、空海は長安で順宗退位・憲宗即位を見届けてから帰国したことになる。

この代替わりは、宦官勢力によるクーデターであり、若手官僚たちが主導していた改革運動が頓挫する政変だった。改革派のひとりで、この政変で失脚して地方に左遷されたのが、古文運動で有名な柳宗元（りゅうそうげん）である。

ともかく、桓武天皇が、帰国した遣唐使からこの政変のことを聴くことはありえたわけだが、彼が、だから延暦元号を変えなかったわけではないことは、時間的に確実である。

以後の歴代も、非公式には唐の改元状況を知り得ただろうが、正規の遣唐使の次の帰国は八三九年だから、その報告を聴いて「ではわが国も一世一元にしよう」と思ったわけではなかろう。

古畑氏も「一世一元の慣習が東アジアにおける同時代現象であったとしても、改元方法に違いがあり開始時期も遅いので、唐から広がったとは見なしにくい」(同上)としている。ただし、「日本の慣習が渤海の影響を受けたように思われる」と述べており、今後の検討が必要となろう。従来の元号研究では完全に見過ごされてきた視点である。

災異改元と革年改元

さて、醍醐天皇が昌泰(しょうたい)から延喜に改元したのは、従来のように祥瑞を祝ったからではなかった。これ以降は、改元理由が一変する。代替わりの他には、祥瑞による改元は影を潜め、かわって、災異による改元と、特定の干支にともなう改元が行われるようになるのだ。

以下、所功『年号の歴史――元号制度の史的研究』(雄山閣出版、一九八八年)の分類名称を借りて、順に代始改元・祥瑞改元・災異改元・革年改元と呼ぶ。

なお、所氏は第五の分類として「その他」を挙げているが、そのなかには、武家政権の将軍代替わりによるものが含まれている。どうやら所氏は、元号（年号）を通時代的に天皇に限定して考えようとしているようだが、史実としては、将軍も王権として機能していた時期がある。

革年改元とは、辛酉と甲子の二つの干支の年には、必ず改元するという慣行である。

醍醐天皇の昌泰四年（九〇一年）、文章博士の三善清行が上奏して中国の文献（後述）に「辛酉革命、甲子革令」と記されていることを紹介する。そして、この二つの干支の年に改元することで、自然界の変化に合わせることを求めた（「革命勘文」）。

これは、天人相関思想にもとづく発想で、革命（命を革む）とは、ここでは革令（令を革む）と同じく、政治秩序の更新の謂いであり、現在一般に使われている王朝交代の意味はない。

この意見が採択されて、この年は七月十五日から延喜と改元される。

この延喜は、『書緯旋璣鈐』という緯書（儒教で経書を補完するとされた書物）に見える文言で、太古の聖人君主の禹のときに、天が彼の治世をめでてもたらした玄圭という種類の宝玉に、初めから刻まれていた銘文のなかの語だとされていた。

醍醐天皇の天命が、辛酉の年を迎えても、揺るぎないことを示すために選ばれたことがわかる。

じつは折からこの年（九〇一年）の正月には、右大臣菅原道真の大宰府左遷事件が起きていた。三善清行は、左大臣藤原時平の参謀役でこの政変に関わっており、事件後の人心不安を一掃する意味もあっての、改元上奏であったとみなしうる。

三善清行によると、「辛酉革命、甲子革令」という説自体もまた、緯書のうちの易緯と詩緯（篇名は明示していない）が述べている主張だった。

ただし、緯書は、中国ではその後散逸するために詳細は不明であるし、中国でこの二つの干支で必ず改元するという慣行が定着したことはない。また、延喜改元の三年後の甲子の年（九〇四年）には、改元されていない。

だが日本では、次の辛酉（九六一年）・甲子（九六四年）のときには、どちらも改元が行われた。すなわち、天徳から応和への改元と、応和から康保への改元である。

わが国では以後、これが定制となり、十九世紀後半の文久（一八六一年、辛酉）・元治（一八六四年、甲子）の改元まで、忠実に踏襲された。

例外として改元されなかったのは、永禄の辛酉（一五六一年）と甲子（一五六四年）、および元和の辛酉（一六二一年）のみである。

元和十年（一六二四年）の甲子の折には、改元慣行が復活して寛永となり、幕末に至った。

一方、災異現象にあたって、やはり時間を更新するため、つまりは厄払いのために改元する慣行も、醍醐天皇のときに始まる。

延喜二十三年（九二三年）三月、皇太子保明親王が薨じた（皇族が亡くなった場合の特別な表現）。あわせて洪水・疫病が起こった。そこで改元による時間の更新を図るべく、閏四月に延長への改元が行われる。

延長の語は、班固（『漢書』の著者）の「東都賦」の終結部にある「白雉詩」に見え、白雉や素烏（白いカラス）が現れて、皇帝の御代は永遠に天慶を得るという文脈に使われていた。つまり、語自体としてはめでたいわけで、この語をもって災厄を払う呪符としたのである。

その後、朱雀天皇は即位改元の承平改元（九三一年）のあと、地震等の天変地異に対する改元として、延長と同じ「白雉詩」にも見える天慶を選んだ（九三八年）。

村上天皇（朱雀天皇の弟）も、代替わりの天暦改元（九四七年）のあと、洪水・旱魃により天徳と改元する（九五七年）。これに続いて辛酉の応和、甲子の康保への改元がなされたことは先述した（二七六頁参照）。

以後、ごく少数の例外を除けば、代始・革年・災異が改元の理由となるので、これ以降の歴代元号をこの三分類と例外的特殊事例に分けて表示する。

米田雄介編『歴代天皇・年号事典』（吉川弘文館、二〇〇三年）と、所『年号の歴史』所載の年号一覧表に準拠したが、一部私の判断で分類を変えたものがある。

まずは平安時代中盤から鎌倉時代末期にかけて。

【代始改元（三十三例）】安和・天禄・寛和・永延・長和・寛仁・長暦・永承・延久・承保・寛治・天仁・天治・康治・保元・平治・仁安・嘉応・養和・元暦・正治・建暦・貞応・天福・寛元・宝治・文応・建治・正応・正安・乾元・延慶・元応

【革年改元（十二例）】治安・万寿・永保・応徳・永治・天養・建仁・元久・弘長・文永・元亨・正中

【災異改元（七十例）】天延・貞元・天元・永観・永祚・正暦・長徳・長保・寛弘・長元・長久・寛徳・天喜・康平・治暦・承暦・嘉保・永長・承徳・康和・長治・嘉承・天

永・永久・元永・保安・大治・天承・長承・保延・久安・仁平・久寿・永暦・応保・長寛・永万・承安・安元・治承・寿永・文治・建久・建永・承元・建保・承久・元仁・嘉禄・安貞・寛喜・貞永・文暦・嘉禎・暦仁・延応・仁治・建長・康元・正嘉・正元・弘安・永仁・嘉元・徳治・応長・正和・文保・嘉暦・元徳

このうち、建久（けんきゅう）の改元は災異そのものではなく、翌年が陰陽道（おんみょうどう）で三合（さんごう）という不吉な巡り合わせの年であるための予防的改元だった。その意味では、辛酉・甲子の革年改元に近い。「承久の乱」で有名な承久も、天変と旱魃による災異改元であるとともに、三合による改元であった。

次に南北朝時代。

この時期は、持明院統（北朝）と大覚寺統（南朝）とが、それぞれ別個の元号を制定して皇統の正統性を争った時期なので、両統に分けて記載する。

（持明院統）

【代始改元】正慶・暦応・観応・文和・永和

【革年改元】永徳・至徳
【災異改元】康永・貞和・延文・康安・貞治・応安・康暦・嘉慶・康応・明徳

（大覚寺統）
【代始改元】興国・建徳（？）
【革年改元】弘和・元中
【災異改元】天授
【蹶起・戦勝・政情不安】元弘・建武・延元
【不詳】正平・文中

北朝の明徳（めいとく）三年にして南朝の元中（げんちゅう）九年（一三九二年）、南朝の後亀山天皇が、北朝の後小松天皇に皇位を譲り、以後は両統迭立とすることを条件に、三種の神器を引き渡す形式で南北両朝は再統一を果たした。

しかし、その実態は南朝の降伏で、以後の皇位は北朝系で独占される（二〇〇頁参照）。

足利将軍家の権威が強まり、元号は室町殿（足利家の家長）の代替わりで行われる場合もあった。逆に天皇の代替わりがあっても改元されず、前代の元号をそのまま使いつづける事例が増えてくる。

南北朝合一後から江戸時代にかけてもこの傾向は続く。

【代始改元（天皇）】 永享・文正・大永（後柏原天皇即位式）・享禄・永禄・文禄・正保・明暦・元禄・正徳・元文・寛延・明和・安永・天明・文政・嘉永

【代始改元（将軍家）】 正長・宝徳・承応・享保・宝暦

【革年改元】 嘉吉・文安・文亀・永正・寛永・天和・貞享・寛保・延享・享和・文化・文久・元治

【災異改元】 応永・享徳・康正・長禄・寛正・応仁・文明・長享・延徳・明応・天文・弘治・元亀・天正・慶長・慶安・万治・寛文・延宝・宝永・寛政・天保・弘化・安政・万延（?）・慶応

【天下静謐による改元】 元和

以上、改元の理由を分類した。

辛酉革命・甲子革令や三合厄のような緯書・陰陽道の思想、天変地異に際して時間を更新するための呪術的改元が、さかんに行われていたことがわかる。天皇は（室町時代以降は幕府の将軍も）、改元することで世界を立て直す力を持つ王権として振る舞った。王権を支えるのは君主のこの神聖性だった。

こうした考え方と訣別するのが、明治改元によって採用された一世一元制である。

一世一元の採用

本書で扱っている、十九世紀に行われた天皇に関する諸制度の変更のなかで、最も目につく事象は、一世一元の制定である。

明治以降、日本では一世一元が採用されている。現在の元号法（昭和五十四年制定）もその第二条で、「元号は、皇位の継承があった場合に限り改める」と規定している。

なお、この法律は、この第二条で終わっており、第一条の「元号は、政令で定める」と合わせて、本文わずか三十字ほどで、短い。元号とは何かという定義すらしていない。

この法律の歴史的起源となるのは、一八六八年。その年の途中（東アジアの暦で九月八日、グレゴリオ暦で十月二十三日）に、慶応から明治への改元がなされ、あわせて「今後はこれまでの制度を改め、一世一元とする」ことが、天皇の詔として布告された。

一世一元採択を提案したのは、岩倉具視だった。

九月八日の太政官布告第七百二十六号は、改元詔書の前に次のように前置きしている。

今般　御即位御大礼被為済、先例之通、被為改年号候。就テハ是迄吉凶之象兆ニ随ヒ、屡改号有之候得共、自今　御一代一号ニ被定候。依之、改慶応四年可為明治元年旨、被仰出候事。

（訳）

今回、ご即位の大礼が無事に済んだので、先例どおりに改元する必要がある。今までは吉凶のしるしにしたがって改元することがあったけれども、今後は一代一号と定める。これにより、慶応四年を明治元年とし、布告を行うものである。

十日程前に即位礼が挙行されたのでここで改元するが、これまでのように「吉凶之象兆」（吉凶のしるし）に応じて改元することをやめ、「御一代一号」とすることが宣言されている。

つまり、孝明天皇から明治天皇への代替わり、代始改元であることを意味する。
詔書本文全文は以下のとおりである。

詔体太乙而登位、膺景命以改元、洵聖代之典型、而万世之標準也。朕雖否徳、幸頼祖宗之霊、祗承鴻緒、躬親万機之政。乃改元欲与海内億兆、更始一新。其改慶応四年、為明治元年、自今以後、革易旧制、一世一元、以為永式。主者施行。

（訳）
宇宙の道をふまえて即位し、天命を受けて改元するのは、すばらしい御代のあり方で、いつの時代も基準となることである。朕は徳が薄いながらもご先祖たちのご加護によってつつしんで皇統を受け継ぎ、よろずの政務をみずから決裁する。そこで改元して天下万民とともに新しい治世を始めようと思う。慶応四年を改めて明治元年となし、今後はこれまでのやりかたを変えて一世一元を規範とする。担当者は施行するようにせよ。

『復古記』（明治政府が収集編纂した戊辰戦争期の史料集）の巻一二八、明治元年九月八日条に引く、木戸孝允『手記摘要』にはこうある。

九月八日。今日改元、　御一代御一号ニ被　仰出、改テ明治元年ト云。昨日御下問アリ、議参各言上。昨夜　廷内御神楽アリ、　主上親ク　神前ニオヰ(ママ)テ御クジヲ取ラセ玉ヒ、明治之号ニ御決定アリ。

（訳）

九月八日。今日改元があって、ご一代ご一号を仰せになり、改めて明治元年となった。昨日ご下問があったので、議政・参与の者たちがそれぞれ意見を申し述べた。昨晩は宮中でお神楽があり、陛下みずから神の前で御籤(みくじ)をお選びになって、明治という号にご決定となった。

また、元福井藩主松平慶永(まつだいらよしなが)（春嶽）の『逸事史補』は、次のように記す。

明治改元式ハ誰々モシラサル所故、余ノ記憶ノマヽヲ記ス。（……）三条、岩倉ヨリ被命、此度ヨリ年号ノ儀ハ御一代御一号ノ取極ニナリ。是ハ朝廷ノ御規則ハナケレトモ、清廷ノ法ヲ用ラレタルナルヘシ。（……）是迄ト違ヒ、此年号ハ衆人ノ決定ヲ廃シ、聖上自ラ賢所（内侍所）へ被為入、神意御伺ノ処、明治年号抽籤相成候ニ付、明治ト御決定相成候。

（訳）

明治改元のやりかたは皆の知らないことなので、私の記憶のままに記録しておく。三条（実美）と岩倉（具視）から聞かされて、今回からは元号はご一代ご一号の決まりとなったという。これは朝廷の規則にないことだけれども、清の朝廷でやっている方法を用いたものであろう。（……）これまでとは異なり、この元号はみなで審議決定するのをやめ、陛下ご自身で賢所（以前の内侍所）にお入りになり、神のご意向をうかがってみたところ、明治という元号を抽籤なさったので、明治とお決めになったのである。

この中略箇所には、従前から元号の諮問にあずかっていた公家たちの他、岩倉から自分にも指示があったので、いくつか案を提出したということが記されている。

慶応元号までは、これらの諸案を衆議して最も適当なものを選択していたが、今回は天皇みずから神前で籤を引いて、明治に決したとされている。

注目すべきは、慶永が、一世一元を中国清朝のやりかたを模倣したものと推測している点である。「用ラレタルナルヘシ」という推量の助動詞「べし」を付した表現は、これが彼らの間に共有されていた公式見解ではなく、中国の元号について知っていた慶永の推測であることを示している。そして、これは、中国の史書に多少とも通じていた者たちがみな思ったことにちがいない。

しかし、太政官布告では、異国の制を採用したとは一切いわれていない。従来の迷信的慣行を廃し、無益な改元をやめるためという、自律的な理由づけがなされている。

詔書の漢文表現では「自今以後、革易旧制、一世一元、以為永式」（今より以後、旧制を革め易へて、一世一元、以て永式と為せ）である。

あくまでも明治天皇自身の発案によって、御一新にふさわしい文明的な制度改革がなされたというのが、政府の公式見解だった。

江戸儒者の提案

前掲の所功『年号の歴史』は、一世一元制を提案していた江戸時代の儒者として、中井竹山と藤田幽谷を紹介している。本書でもこのふたりの主張を見ておこう。

まず中井竹山（一七三〇〜一八〇三）は、大坂にあった懐徳堂という学校の第四代学主。彼が天明八年（一七八八年）に執筆した『草茅危言』巻一「年号之事」には、こうある。

　年号は漢の武帝に始ると雖ども、周季漢初より胚胎せり、総じて帝王の元年は即位の初年の事にて、何も吉凶に預る事なきを、周季戦国の時に方術禨祥の説に惑有て、元年と云を祝ひ直し、目出度事と心得て、在位中に元年を立替る事起り、漢の景帝に及では、両度迄も改れば紛はしき故、中元年・後元年等称せり、漢武に至り、其例に益立替れば、後は呼び様もなき様になる故、其名号を立、建元と名付しより、始て年号定りし、（……）天災地妖人事の変抔に付、必ず改元して、厭勝するの風は何の世も替らず、但し千数百年を経て、明清に至り、始て其惑も解たるにや、一代に年号一と定たるは、是大に簡当の事也、（……）何分是は明清の法に従ひ、一代一号と定めたき御事なり、（……）明清の如くに一代一号になりなば、是迄終になき文字計りをもて、年号を立る事も、容易なるべく、記認の為にも別して宜しかるべし

（訳）

年号は漢の武帝に始まるものだけれども、周末漢初から生まれる準備ができていた。

およそ君主の元年というのは即位の第一年のことで、なんら吉凶に関係するわけではなかったのを、周末戦国の時に、呪術師たちの説にだまされて、元年を繰り返すことを縁起が良いとみなし、在位中に元年をまた変えることが始まった。漢景帝になってから、一度ならず二度までも元年と改めたために、区別がまぎらわしいので、中元年・後元年などと称した。漢武帝になってからはいよいよ勘違いが深まり、右の諸事例に沿ってますます変えるようになったから、やがて（中や後だけでは）呼び分けることもできなくなったため、その名号を立て、建元と名づけて以降、はじめて年号が定まったのだ。（……）天変地異や人間界の異変などがあるたびに必ず改元して災いを取り除こうとするやりかたは、どの時代も変わることがなかった。しかし、千数百年を経て、明清になると、ようやくその勘違いが解けたと見えて、一代につき年号は一つと定まったのは、おおいに簡潔妥当なことである。（……）日本もなんとかここは明清のやりかたに従って、一代一号と定めたいことである、（……）明清のように一代一号になったならば、そうすることで、普段使わない文字で年号を立てることも、容易になるだろうし、記憶するにも便利になろう。

『草茅危言』は、著者中井竹山が、時の老中で寛政の改革を推進していた松平定信に提出した建白で、王権のありかたから、具体的な政策提言にいたる幅広い内容を具えた経世書だった。

竹山は父中井甃庵、弟の中井履軒、さらには孫の世代にいたるまで、歴代大坂の懐徳堂を支えた儒者の家柄出身だった。その学風は、朱子学を根幹に据え、当時流行していた荻生徂徠の学風（朱子学に対抗し、国家の制度を確立させることを主張する）に対して批判的だった。そのため、松平定信の寛政異学の禁における、朱子学一尊政策を称賛している。

右の引用箇所で、彼は、「方術禨祥の説」にもとづく無用な改元を斥け、明・清に倣って「一代一号」を採用すべきだと提言している。

「天災地妖人事の変」に応ずる災異改元は、「厭勝」すなわちまじないの類にすぎない。中国では明・清にいたってその誤りに気づき、一代一号としている。わが国もこれを取り入れれば、元号を考える必要が生じる回数も減って便利であるというのが、彼の論理構成だった。

竹山が『草茅危言』を著した三年後、寛政三年（一七九一年）には藤田幽谷（八三頁参照）が「建元論」を著して、同様の主張を展開している。

幽谷が『草茅危言』を読んでいた確証はない。少なくとも彼は竹山の名に一切触れていない。幽谷の水戸学と竹山の懐徳堂とは、同じく朱子学の系統に属すとはいえ、学風も人脈も異なっていた。

ただ、このふたりが同時期に同内容の文章を著していることから、朱子学の教義にもとづく議論が展開されていた十八世紀末の思想文化状況を窺うことができる。

なお、『草茅危言』が和文（漢文書き下し文の文体）で書かれているのに対し、「建元論」は漢文である。そのため、以下にはその梗概のみ紹介する。

幽谷の「建元論」は、次のような論理構成をとっている。

元号制度は漢の武帝に始まるから、儒教が理想とする周の制度ではなく、したがって王権に必須というわけではない。だが、太古の聖人の意図をふまえたものではあった。君主が即位することが「元」なのであるから、在位中に元号をしばしば改めるのは、改元の濫用だ。胡(こ)氏は元号不要論を説いたが、朱(しゅ)氏は、それは高踏的すぎる主張で、元号無しでは実生活に不便が生じるとしている。中国でも明は、建国以来、新しい皇帝が即位した翌年のはじめに一度だけ改元するようにした。日本も、以後は一世一元制度に改めるべきである、と。

ここには胡氏と朱氏という、ふたりの宋儒が登場している。

朱氏とは、朱子学を大成した朱熹（一一三〇～一二〇〇）を指している。幽谷が言及している内容の原文は、『朱子語類』巻八十三の第五十三条で、訳せば次のような内容である。

> 胡文定は『春秋』に注釈しているが、高踏的すぎて世間の事情に通じていない。「元年」を説明する箇所では、元号は不要だとまで言っている。いま、中興以来七つの元号があるが、もし（それらを相互に区別する名称として）元号が無かったら契約書類で虚偽を申し立てる者が出てくる弊害があろう。（淳）

記録者の淳は、陳淳。朱熹の高弟で、その教説を彼の門人たちがまとめた『北渓字義』は、日本でもよく読まれた。『朱子語類』のなかで彼が記録した条は、その他の記録者たちと比較した場合に、師の朱熹の教説内容をきちんと理解したうえで記録しているというきわだった特長がある。したがって、ここも朱熹の意図を正しく伝えていると見てよかろう。

朱熹がいう「中興」とは、靖康の変で北宋が亡び、南方に南宋朝廷が成立した件を指す。北宋年号で靖康二年、南宋年号で建炎元年、西暦一一二七年のことだった。

そのとき以来、建炎・紹興・隆興・乾道・淳熙・紹熙・慶元と、七回の改元が行われてきたとあるので、この発言が慶元元年（一一九五年）以降、同六年（一二〇〇年）の死までの、朱熹最晩年のものであることがわかる。

記録者が陳淳なので、さらに限定して、慶元五年（一一九九年）に一ヶ月余だけ陳淳が朱熹のそば近くに侍（はべ）っていた時期と特定できる。

「胡文定」こと胡安国は、朱熹より二世代上の儒者で、『春秋』の注釈書を著した人物。これはのちに、朱子学における『春秋』の正統解釈として認定される。ただ、ここで朱熹は、「元年」に対するその注釈内容に不満を表明している。

「元年」とは、本章冒頭で解説したように、春秋学の基本概念だった。

ここで朱熹は、胡安国が『春秋』に見える周代の正しい年代表記を根拠にして、漢代に始まった元号制度が不要だと主張したものと解している。そのうえで、そんなことをすれば社会経済活動に混乱をもたらすことになると批判し、胡安国の注解が浮き世離れしすぎていることの例としているのだ。たとえば、契約書類の日付に「平成三年」と書くからこそ、それが昭和三年や、次の元号（現皇太子殿下の治世）の三年ではないことが証明できるというわけだ。

ところが、どうやらこの朱熹の発言は、彼の思い違いによる混同らしい。胡安国は元号不要論など唱えていないのである。

　胡安国『春秋伝』の隠公元年条では、元年という表現について、『易』乾卦にある「大哉乾元（大なるかな、乾元）」と、坤卦の「至哉坤元（至れるかな、坤元）」を引き、乾坤（天地）の始まりを元というごとく、天地自然のはたらきに参与する君主も、その治世の始まりを元と称するのだと述べている。ただそれだけで、元号が不要だなどとは言っていない。

　どうやらこれは、胡安国の子の胡宏が、その著『皇王大紀』の「成湯改元」で述べている事柄を、朱熹が混同したようなのだ。

　この『皇王大紀』は、太古の帝王たちの事蹟伝承に関して論じた文章で、成湯とは、殷を建国した湯王のこと。胡宏は、『尚書』に彼の治世の年を数える「元」字が使われていることについての経学的解釈の議論を行い、さらには元号一般に対する批評を展開する。

　胡宏の主張によると、漢の武帝が設けた「建元」という元号は、「建＝たてる」と「元＝はじめ」という二つの語を重ねただけで、なんら意味のない名称である。「『建元』と建元した」ことになるわけだから。つぎの「元朔」も、治世の始まりの「元」と月の始まりの「朔」を組み合わせただけだから、「元朔元年」とは、「年のはじまりの月のはじまりの、そのはじまりの年」ということで、意味が重複している。武帝より後の歴代皇帝たちが、何か事が生ずるたびに改元して禍を逃れようとする言霊的な呪術に頼ったのは、不合理な迷信にすぎない。「元」とは、ただ単にある君主の代替わりを示す徴標である、と。

胡宏は、明確に元号不要論を提示しているわけではないが、一世一元を理論的に提唱している点では、斬新な議論であるといえよう。

朱熹は、この胡宏の主張を（彼の発話の文脈では父の胡安国のものとして）「高踏的すぎて世間の事情に通じていない」と批判している。「中興以来七つの元年」すなわち、建炎・紹興・隆興・乾道・淳熙・紹熙・慶元の七つの元号存在を是認しているから、一世一元を力説するわけでもない。（これら七つの元号のうち、紹興は高宗の在位中、乾道・淳熙は孝宗在位中の改元。）

しかし、この朱熹説を引用する藤田幽谷「建元論」は、胡宏の所説の如き極論（元号不要論）ではないにしても、朱熹もまた、改元を多用することの安易さと無意味さを指摘したと解釈している。だからこそ、明は王朝創設時に一世一元を定めたというわけだ。

幽谷は、十七世紀初頭に活躍した謝肇淛が、明の制度を絶賛していると述べる。謝肇淛の『五雑組』は、百科事典的な役割を担う書物として、江戸時代の日本で広く読まれた。その巻十五に「改元」と題する一章があり、明のやりかた（一世一元の踰年改元）が最もすぐれていると言っている。

ちなみに、日本は万世一系だから、王朝交代の革命を肯定する『孟子』が伝わらないよう、この書物を積んだ船は必ず難破するという有名な話柄も、出典は『五雑組』である。『五雑組』では、単に船乗りから聞いた『孟子』を積載した船は難破するという奇異な話として記録しており、日本の神々が怒るとは書かれていない。これをふくらませて国学者上田秋成（一七三四〜一八〇九）が、『雨月物語』の「白峰」で、西行法師（一一一八〜一一九〇）のセリフとして、讃岐国（香川県）の配流先に造られた崇徳天皇陵に墓参してその怨霊をなだめる際に、神風を登場させたのだ。

崇徳天皇は、上皇として保元の乱の一方の当事者となり、敗れて讃岐の白峰に流され、その地で崩じた。

『雨月物語』では、崇徳天皇が怨霊となって西行の眼前に現れ、今の王家（弟の後白河天皇の系譜）を滅してやると息巻く。西行はこれをたしなめ、日本は神々が加護する国だから、中国と違ってそうした王朝転覆は起こらないと述べるなかで、『孟子』を船載できない話をする。

ただ、史実としては、西行よりずっと前に『孟子』はすでに伝来していたし、また西行とまさしく同時代人であった朱熹によって四書の一つに選ばれ、江戸時代には幅広い読者を獲得していた。

上田秋成の創作は、彼の国学者としての立場から、朱子学に対する厭味・批判として書き込まれたものだろう。日本は中国とは異なり、王朝交代が存在しない国だ。だからこそ、王朝交代という危険思想が述べられている『孟子』を尊重すべきではない。朱子学では『孟子』は、『論語』とならんで重視されていた。

ただし、秋成のこの小説のなかで、話者が神社の神職ではなく、釈迦を慕っていた西行法師であるというところが、神仏習合の時代性を物語っている。

　　願(ねが)はくは花の下(した)にて春死なん　そのきさらぎの望月(もちづき)の頃(ころ)（西行）

「きさらぎの望月」（二月十五日）は、釈迦入滅の日で、仏教寺院では涅槃会(ねはんえ)が催される。

ちなみに、私が儒教側を代表して、上田秋成に厭味の仕返しをするならば、江戸時代の神儒一致論者たちは、仏教を神道・儒教に共通する敵とみなし、仏典がインドから中国、そして日本へ伝わったことこそが、東アジアの人々に不幸をもたらした元凶とする。だから日本の神々は、『孟子』ではなく、仏典を積んだ船をこそ難破させるべきであった。

明治の天皇制再構築では、仏教批判の立場から、神仏分離・廃仏毀釈が実施された。国学者でありながら、仏僧の西行にこの発言をさせる秋成は、中井竹山や藤田幽谷と同世代でありながら、彼らとの間には距離があるところにいた。逆にいえば、伝統的な古き良き考え方を保持していた。

さて、中井竹山や藤田幽谷が言うように、中国では明が朱子学を体制教学とするのにともない、一世一元制度を採用していた。洪武元年（一三六八年）のことで、日本の一世一元採用（一八六八年）の、ちょうど五百年前である。

岩倉具視たちもこの事実は知っていたわけだが、日本での制度採用にあたっては、「中国がそうしているから」という理由ではなく、水戸学者で尊王攘夷論者の藤田幽谷が主張していたので採用する、ということにした。

これと同じように、明治政府が実施した政策のなかには、思想資源を朱子学に借りていながら、それを明言しないものが多い。私は、かの靖国神社もその一つだと考えている（拙著『増補　靖国史観』）。

明の一世一元採用

日本が独自元号を定めるようになったときの中国は、唐の時代だった。律令体制とは、唐制を模範としつつ、その継受にあたって実情に応じた修訂を加えた制度だった。

そこで、唐・宋・元の改元について、その時期を、年初か年の途中かで分類して表にまとめてみた（図6の3）。王朝ごとに、唐・武周・宋・元に分けてある。

なお、唐と宋のあいだの五代十国や、宋と並び立っていた遼・西夏・金についてはあげていない。これら諸王朝は、唐のやりかたを踏襲しているからである。ここでの目的は、宋が新しいやりかたの転換期であることを、具体的に見ることにある。

おおまかな傾向として、唐では、年初改元よりも年の途中での改元の方が多かった。日本でもこれを受けて、改元にあたり年初にこだわっていた形跡はない。

特に武周においては、その足掛け十六年のうちに、十三個の元号を用いている。これは、皇帝たる武則天の個性にもよろうが、日本では持統天皇から文武天皇にかけての時期にあたり、また、その最中の大宝二年（七〇二年）には遣唐使を派遣し、首都の洛陽を実見してい

唐（618〜907、ただし途中で武周により中断）

年初改元 26	年初以外での改元 37
貞観・永徽・顕慶・麟徳・乾封・嗣聖・垂拱・永昌・載初（建子月歳首）・神龍・天宝・永泰・建中・興元・貞元・元和・長慶・宝暦・開成・会昌・大中・広明・龍紀・大順・景福・乾寧	武徳・龍朔・総章・咸亨・上元・儀鳳・調露・永隆・開耀・永淳・弘道・文明・光宅・景龍・唐隆・景雲・太極・延和・先天・開元・至徳・乾元・上元・（無元号；建子月歳首）・宝応・広徳・大暦・永貞・太和・咸通・乾符・中和・光啓・文徳・光化・天復・天祐

武周（690〜705、建子月歳首）

年初改元 2	年初以外での改元 11
証聖・聖暦	天授・如意・長寿・延載・天冊万歳・万歳登封・万歳通天・神功・久視・大足・長安

宋（960〜1279）

年初改元 39	年初以外での改元 18
端拱・淳化・至道・咸平・景徳・大中祥符・天禧・乾興・天聖・景祐・皇祐・治平・熙寧・元豊・元祐・建中靖国・崇寧・大観・政和・靖康・紹興・隆興・乾道・淳熙・紹熙・慶元・嘉泰・開禧・嘉定・宝慶・紹定・端平・嘉熙・淳祐・宝祐・開慶・景定・咸淳・徳祐	建隆・乾徳・開宝・太平興国・雍熙・明道・宝元・康定・慶暦・至和・嘉祐・紹聖・元符・重和・宣和・建炎・景炎・祥興（最後の二つは元に抵抗した残存政権のもの）

元（元号を使用したのは1260〜1368）

年初改元 6	年初以外での改元 10
元貞・至大・皇慶・延祐・至治・泰定	中統・至元・大徳・致和・天順・天暦・至順・元統・至元・至正

図6の3　唐・宋・元の改元時期

る。

中国史のうえでは特異な時期として扱われ、約三百年続いた唐代の一部として処理されてしまいがちだけれども、日本では律令国制の形成期にあたり、これに大きな影響を及ぼしたと想定できる。

平安時代中葉の十世紀なかばから、鎌倉時代末期の十四世紀なかばにいたるまでのおよそ四百年間に、総計百二十回の改元が行われているのは、唐代の遺風を受けているというべきだろう。しかもそのうちの七十例が、災異改元だった（二七八頁参照）。

中国で、こうした王権のありかたが変質するのが宋代だった。元号についてみても、年初改元の割合が大幅に増加する。しかも、年の途中での改元十八例のうち、国初元号の建隆（九六〇年）から、第八代徽宗最後の元号たる宣和改元（一一一九年）までの十五例が、北宋のものである。

南宋での年の途中での改元は、わずか三つ、しかもいずれも非常事態での改元だった。すなわち、建炎は、靖康の変で第十代（南宋初代）の高宗が急遽即位した年（一一二七年）だし、景炎は、南宋の都杭州が元軍の前に無血開城されて、形式的には朝廷が消滅したあと、これを受け入れなかった一部の臣下たちが、端宗を皇帝に即位させて定めた元号（一二七六年）、祥興（しょうこう）は、さらに状況が悪化して、最後の皇帝（衛王）が即位して定めた元号（一二七八年）だった。

つまり、南宋になると、平時には年初改元しかなされていないことがわかる。前掲した朱熹の発言に登場する「七つの元号」も、したがって建炎以外は、すべて年初改元だった。趨勢として、このまま年初改元が定着しても不思議ではなかった。

ところが、蒙古族王朝の元は、ふたたび年の途中での改元を行うようになる。彼ら蒙古族は、ユーラシア大陸の北半分を支配する大帝国の一部として、中国に君臨していた。元（正確には大元）という王朝名称は、蒙古国が、一二三四年に金国を滅ぼして北中国を統治するようになってから、四十年近くも経ったのちに、一二七一年に「大哉乾元」（二九四頁参照）を典拠に制定された。

蒙古の皇帝クビライ（世祖）が、日本に使いを派遣して親書（いわゆる蒙古国書）を届けさせたのはこの改称前であり、そのために「大蒙古国皇帝」と自称している。その国書は、モンゴル文字ではなく、漢字によって中国語で書かれた、いわゆる漢文であった。

元は、それなりに中華王朝として振る舞い、儒教を庇護して朱子学を中国社会に普及させる役割を担った。ただ、その君主がモンゴル人であるため、一部の漢人たちからは嫌われていた。

ちなみに、ここでいう漢人は、漢民族という現在のふつうの意味であり、当時の用語では「南人」と呼ばれた人たちを指す。当時は、もとの金の領内に居住していた人たちが、漢族・女真族・契丹(きったん)族を問わず「漢人」と呼ばれていた。つまり、元の政府見解では、金こそが中華王朝だったのであり、その南に存続していた宋は「南方の蛮族」にすぎない。

改元時期についてこそ、年初ではなく途中でのものが復活していたが、改元の頻度そのものは元も宋と似ている。

元号の総数が元は百年間に十六個であり、宋朝三百二十年間の五十七個（うち最後のいくつかは、元の「中統」・「至元(しげん)」と時期が重なる）と合わせた数（七十三個）は、同期間の日本（平安中期から南北朝時代初期）の六割ほどである。

元の支配層（蒙古人のみならず、中央アジア諸民族＝色目人や、元に忠誠を誓っていた「漢人」たち）は、中国南方で暮らしていた人たちを蛮族あつかいしたため、彼ら南方人の一部過激分子は、自分たちの中華思想に依拠して、元を「夷狄(いてき)」だと主張した。

やがて元の統治がうまくいかなくなってくると、彼らはいくつもの自立政権を築く。その一つが、朱元璋(しゅげんしょう)を王とした呉国で、他のライバルたちを制圧したこの時点（一三六八年初頭）に、王国から帝国（明）への名称変更を行ったわけである。

したがって、当然のことながら、その理念は中華思想であり、元を夷狄として斥け、中華文明を復興することを使命として宣言した。その象徴的政策が一世一元であった。

『明史』の巻二は、太祖洪武帝が即位した記事から始まっている。


洪武元年春正月乙亥、祀天地於南郊、即皇帝位。定有天下之号曰明、建元洪武。追尊高祖考曰玄皇帝、廟号徳祖、曾祖考曰恒皇帝、廟号懿祖、祖考曰裕皇帝、廟号熙祖、皇考曰淳皇帝、廟号仁祖、妣皆皇后。


おおまかな内容は以下の通り。

皇帝に即位するにさきだって、都（現在の南京）の南の郊外に壇を築き、天地の神々を祀っている。これは皇帝即位を神々に告げるためのもので、王朝交代に際して必ず行われていた。そして王朝の名称を明と定め、元号を洪武とした。

つづいて、先祖四代に遡って皇帝としての諡（おくりな）と廟号を与え、彼らの夫人たちにも皇后の称号を追贈した。宗廟で定期祭祀の対象になるのが、高祖父母以下の先祖四代、四親廟だからである（一三六頁参照）。

明は朱子学を体制教学とする王朝だった。一世一元の創設も、また、これと連動する代替わり踰年改元の定着も、南宋で培われた思想にもとづいている。朱子学が日本で本格的に受容されるのは、江戸時代、それも十八世紀後半になってからだった。

中井竹山や藤田幽谷が、明制に倣って一世一元を採用することを力説するのは、こうした思想背景によるものだった。

明治政府は彼らの意見をとりいれて、「吉凶之象兆ニ随ヒ」（太政官布告）改元してきた従来のやりかたを「革易」（改元詔書）して、一世一元を採用したのであった。

より詳しく知りたい人へ

本書で言及したおもな事項や文献史料について、興味をいだいて詳しく知りたくなったら、以下にあげた本をお薦めする。

なお、以下で「本書」というのはすべて本書（『天皇と儒教思想』）のことであり、紹介対象としている本のことは「この本」と呼んでいる。

『礼記』（竹内照夫著、全三冊）明治書院（新釈漢文大系）、一九七一年〜一九七九年

本書では儒教のいくつかの経典に言及したが、なかでも礼制を述べている『礼記』が多く登場した。この本はその現代語訳で、本書が引用した王制・月令・喪服小記・祭法などの諸篇の全文を読むことができる。

『続日本紀　全現代語訳』（宇治谷孟訳、全三冊）講談社学術文庫、一九九二年〜一九九五年

日本国の成り立ちを記した史書といえば『古事記』・『日本書紀』だが、天皇をめぐる儀礼が律令制度のなかで定まるのは、もう少しあと、八世紀のことである。『続日本紀』は、『日本書紀』を書き継ぐ史書として編纂され、六九七年から七九一年までを記録している。この本はその全文の現代語訳で、この百年間の朝廷の動向を知ることができる。

『延喜式』（虎尾俊哉編、全三冊）集英社（訳注日本史料）、二〇〇〇年〜二〇一七年

式は律令を補完する政令集。『延喜式』には、本文で述べたように神社の一覧が載り、今も式内社と呼ばれているし、祭祀の実施記録もある。その原文は漢文であるが、この本は注も入れて読みやすくしたもので、律令がどのように運用されていたかを知るのに便利。虎尾氏には、延喜式を解説した『延喜式』（吉川弘文館、一九九五年）もある。

『藤田東湖』(橋川文三責任編集) 中央公論社 (日本の名著)、一九七四年

明治維新後の天皇のありかたには、江戸時代末期の後期水戸学が大きな影響を与えた。この本は、その代表的な二人の思想家の著作、会沢正志斎『新論』と藤田東湖『弘道館記述義』その他を現代語訳で収録している。また、巻頭の橋川文三による水戸学概説はわかりやすい。「日本の名著」シリーズは、その後「中公バックス」の名称で普及版が出ている。

矢澤高太郎『天皇陵の謎』文春新書、二〇一一年

天皇陵については、本書で紹介した宮内庁ホームページにその全容が説明されている他、歴代一覧式の概説書がいくつか刊行されている。この本は神武天皇陵から天武・持統合葬陵にいたる、いくつかの陵墓を選んで解説しており、本書でも言及した神武天皇陵の造営事情が、より詳細に述べられている。

村上重良『天皇の祭祀』岩波新書、一九七七年

明治時代に整った宮中祭祀の全体像を概観し、天皇制を日本近代史の文脈から捉えた名著。近代天皇祭祀についての学術的通説といってよい。本書が儒教との関係にしぼって記述したのに対し、この本の方が包括的に説明してくれている。

林屋辰三郎『南北朝』創元社（創元歴史選書）、一九五七年

十四世紀には皇統が二つに割れ、二つの朝廷が並び立った。この本は政治史的に入り組んだ状況を解きほぐして概観している。のちに創元新書に入り、二〇一七年には朝日新書から再刊されている。

藪内清『中国の天文暦法』平凡社、一九六九年

暦の問題は、本書でも述べたように複雑でわかりにくい。この本は、中国における太陰太陽暦の歴史を、天体観測や計算方法にも言及しながら解説している。のちに増補改訂版が刊行され、近年『藪内清著作集』第一巻（臨川書店、二〇一七年）に「定本　中国の天文暦法」と題して収録された。

所功『年号の歴史　元号制度の史的研究』雄山閣、一九八八年

所氏は、日本の元号研究の第一人者。この本は昭和末期に、きたるべき代替わりが予測されるなかで刊行され、評判になった。本書の日本元号に関する記述の多くも、この本から学ばせてもらった。所氏には共著として『元号　年号から読み解く日本史』（文春新書、二〇一八年）もある。ただ、本書脱稿後の刊行だったため、その内容を活用することがあまりできなかった。本書と併読して、両者の視点の相違を味わっていただきたい。

あとがき

この「あとがき」を書いている時点で公開されている情報によると、天皇陛下のご退位は平成三十一年四月三十日、翌五月一日に皇太子殿下が践祚あそばされ、ただちに改元されるのだそうだ。

明治改元以来の一世一元制は同時代の中国の模倣だったが、その際にあえて導入しなかった慣行がある。踰年改元だ。

中国の皇帝たち、特に宋代以降は、儒教教義が重んじる孝の思想によって、先代が命名した元号を急に変えることを忌避した。代替わりしても年があけるまでは改元せず、翌年正月元日から新元号にしている。宋の太宗は、兄の太祖のあとを受けて即位するや、ただちに太平興国と改元したために、後世、批判の対象になった。

本書では、私見による時事的提言をできるだけ控えてきた。ただ、この「あとがき」でこれだけは言っておきたい。「践祚当日の改元ではなく、踰年改元にすべきである」と。

本文中で繰り返し述べてきたことだが、最後にあらためて弁明しておきたい。私には特定宗教の教義を誹謗中傷する意図は毛頭ない。ならばなぜこのような本を書いたのか。それは、教義と史実とをしっかり区別するためである。少なくとも、その宗教を信じていない者が、教義を押し付けられて生活せざるをえないようになってしまうことは、避けたいのだ。とりわけ、かつて国家権力がその教義に便乗したことが一因となって、周辺諸外国に大変な迷惑をかけ、この国にも未曽有の惨禍をもたらしたのであるから。

なお、これも言うまでもないことながら、本書の記述内容の大部分は、私の自力による研究成果ではない。あまたの先行研究・参考資料に依拠し、それらをつなぎあわせて綴った織物（テクスチュア）にすぎない。

光文社新書編集担当の三宅貴久さんとは、十年前の『足利義満　消された日本国王』以来の付き合いである。『織田信長　最後の茶会』・『江と戦国と大河』でもお世話になった。ちょうど科研プロジェクト「東アジアの海域交流と日本伝統文化の形成」（通称にんぷろ）を遂行している時で、その関連で個人的な失敗から知人たちに多大な迷惑をかけた。三宅さんにも次作として約束した十二世紀東アジアの王権を扱う原稿を提出せずじまいとなっていた。今回、朱子学が近代天皇制の思想資源となった経緯をまとめることができ、三宅さんへの借りを幾分か返せただろうか。

一昨年夏、私に大きな危機が訪れた。自業自得、当然の報いである。畏れ多くも、陛下の「おことば」があり、本書の執筆を思い立ったのと、ちょうど同じ頃だった。この危機にもかかわらず私を支え、寛大な扱いをしてくれている家族に感謝したい。

平成三十年春　穀雨の日に

小島　毅

小島毅（こじまつよし）

1962年生まれ。東京大学文学部卒業。東京大学大学院人文科学研究科修士課程修了。東京大学大学院人文社会系研究科教授。専門は中国思想史。東アジアから見た日本の歴史についての著作も数多くある。著書に『増補 靖国史観　日本思想を読みなおす』『朱子学と陽明学』（以上、ちくま学芸文庫）、『近代日本の陽明学』（講談社選書メチエ）、『父が子に語る日本史』『父が子に語る近現代史』（以上、トランスビュー）、『「歴史」を動かす　東アジアのなかの日本史』（亜紀書房）、『足利義満　消された日本国王』（光文社新書）、『儒教の歴史』（山川出版社）などがあり、監修したシリーズに『東アジア海域に漕ぎだす（全六巻）』（東京大学出版会）がある。

天皇と儒教思想　伝統はいかに創られたのか？

2018年5月30日初版1刷発行

著　者 —— 小島毅

発行者 —— 田邉浩司

装　幀 —— アラン・チャン

印刷所 —— 萩原印刷

製本所 —— フォーネット社

発行所 —— 株式会社光文社
東京都文京区音羽1-16-6（〒112-8011）
https://www.kobunsha.com/

電　話 —— 編集部03（5395）8289　書籍販売部03（5395）8116
業務部03（5395）8125

メール —— sinsyo@kobunsha.com

落丁本・乱丁本は業務部へご連絡くだされば、お取替えいたします。
 ISBN 978-4-334-04354-4

光文社新書

935
検証　検察庁の近現代史
倉山満

国民の生活に最も密着した権力である司法権。警察を上回る権限を持つ検察とはいかなる組織なのか。注目の憲政史家が、一つの官庁の歴史を通して日本の近現代史を描く渾身の一冊。

978-4-334-04341-4

936
最強の栄養療法「オーソモレキュラー」入門
溝口徹

がん、うつ、アレルギー、発達障害、不妊、慢性疲労…etc. 全ての不調を根本から改善し、未来の自分を変える「食事と栄養素の力」とは。日本の第一人者が自身や患者の症例を交え解説。

978-4-334-04342-1

937
住みたいまちランキングの罠
大原瞠

便利なまち、「子育てしやすい」をアピールするまち、イメージのよいまち、ランキング上位の住みたいまちは、本当に住みやすいのか？　これまでにない、まち選びの視点を提示。

978-4-334-04343-8

938
空気の検閲
大日本帝国の表現規制
辻田真佐憲

エロ・グロ・ナンセンスから日中戦争・太平洋戦争時代まで、大日本帝国期の資料を丹念に追いながら、一言では言い尽くせない、摩訶不思議な検閲の世界に迫っていく。

978-4-334-04344-5

939
藤井聡太はＡＩに勝てるか？
松本博文

コンピュータが名人を破り、今や人間を超えた。しかし藤井はじめ天才は必ず現れ、歴史を着実に塗り替えていく。奇蹟の中学生とコンピュータの進化で揺れる棋界の最前線を追う。

978-4-334-04345-2

940
AI時代の新・ベーシックインカム論
井上智洋

未来社会は「脱労働社会」――。ベーシックインカムとは何か。財源はどうするのか。現行の貨幣制度の欠陥とは。導入最大の壁とは。AIと経済学の関係を研究するパイオニアが考察。

978-4-334-04346-9

941
素人力
エンタメビジネスのトリック?!
長坂信人

「長坂信人を嫌いだと言う人に会った事がない」――秋元康氏。超個性的なメンバーを束ねる制作会社オフィスクレッシェンド代表による仕事術、経営術とは？　堤幸彦監督との対談も収録。

978-4-334-04347-6

942
東大生となった君へ
真のエリートへの道
田坂広志

東大卒の半分が失業する時代が来る。その前に何を身につけるべきか？　高学歴だけでは活躍できない。論理思考と専門知識が価値を失う「人工知能革命」の荒波を、どう越えていくか？

978-4-334-04348-3

943
グルメぎらい
柏井壽

おまかせ料理ではなくお仕着せ料理、味よりもインスタ映え、料理人と馴れ合うブロガー。今のグルメ事情はどこかおかしい――。二十五年以上食を語ってきた著者による、覚悟の書。

978-4-334-04349-0

944
働く女の腹の底
多様化する生き方・考え方
博報堂キャリジョ研

今の働く女性たちは何を考え、どう生きているのか？「キャリア（職業）を持つ女性」＝通称「キャリジョ」を徹底分析。多様化する、現代を生きる女性たちのリアルに迫る。

978-4-334-04350-6

光文社新書

945
日本の分断
切り離される非大卒若者(レッグス)たち
吉川徹
団塊世代の退出後、見えてくるのは新たな分断社会の姿だった——。計量社会学者が最新の社会調査データを元に描き出す近未来の日本。社会を支える現役世代の意識と分断の実態。
978-4-334-04351-3

946
日本サッカー辛航紀
愛と憎しみの100年史
佐山一郎
「日本社会」において「サッカー」とは何だったのか。一九二一年の第一回「天皇杯」から、二〇一八年のロシアW杯出場までおおよそ一世紀を、貴重な文献とともに振り返る。
978-4-334-04352-0

947
非正規・単身・アラフォー女性
「失われた世代」の絶望と希望
雨宮処凛
「失われた二〇年」とともに生きてきた受難の世代——。仕事・お金・介護・孤独……。現代アラフォー女性たちの「証言」から何が見えるのか。ライター・栗田隆子氏との対談を収録。
978-4-334-04353-7

948
天皇と儒教思想
伝統はいかに創られたのか?
小島毅
「日本」の国名と「天皇」が誕生した八世紀、そして近代天皇制に生まれ変わった十九世紀、いずれも思想資源として用いられたのは儒教だった。新しい「伝統」はいかに創られたか?
978-4-334-04354-4

949
デザインが日本を変える
日本人の美意識を取り戻す
前田育男
個性と普遍性の同時追求、生命感の表現、匠技への敬意。経営危機の自動車会社を世界一にしたデザイン部長の勝利哲学。新興国との競争で生き残るには、一つ上のブランドを目指せ!
978-4-334-04355-1